JN067588

マドンナメイト文庫

# 素人告白スペシャル 旅路で出会った田舎の熟女

素人投稿編集部

第一章　旅先で巡り会った男と女の淫靡な一夜



第二章　田舎で解き放たれる人間の卑猥な本性

## 第三章 旅情が溢れる街で交わる牡と牝の肉体



## 第四章 新たな快楽を求めて旅立つ淫蕩な人々



※本書に掲載した投稿には、読みやすさを優先して、編集部でリライトしている部分もあります。なお、投稿者・登場人物はすべて仮名です。

# 第一章
# 旅先で巡り会った男と女の淫靡な一夜

# 田舎で再会した母の幼馴染みの美熟女
# 失恋の傷を癒す超濃厚中出しセックス！

久保浩司　大学生・二十歳

うちの大学は年末に試験が終わってしまうので、冬休みは時間にも気持ちにも余裕があるんです。そこで、実家の車で車中泊のひとり旅を計画しました。まあ気が向いたら、流行《はや》りのソロキャンプでもやってみようかなと思っていました。

「あら、ちょうどよかった。目的地は決まってないんでしょ？　じゃあ、お母さんの地元に寄って、いとこの恭子《きょうこ》ちゃんに届けものを渡してきてよ」

母親にひとり旅の話をすると、そんな反応が返ってきました。

「いいけど、恭子ちゃんて？」

「ちっちゃいころ、何度か会ったことあるんだけど、覚えてない？」

「うーん、なんとなく、覚えてるような気も……」

母の生まれ故郷は群馬県の田舎町です。幼いころは夏休みのたびに遊びにいって、きれいな川で水浴びをしたり、カブトムシを捕ったりしていましたが、思春期にさしかかると、とんと行かなくなってしまいました。

遊びにいったときに、母の仲よしだという〝きれいなおばちゃん〟がいたのをぼんやりと記憶していて、それが恭子さんなのでしょう。

母に教えられた住所に行くと、大きな日本家屋がポッンと建っていました。

「いらっしゃーい、浩司《こうじ》くん。こんなに立派になって」

迎えてくれた恭子さんは、母親の一つ年上らしいのですが、肌艶《はだつや》も若くてそうは見えませんでした。しかも着物に割烹着《かっぽうぎ》という姿だったんです。それが、またなんとも女っぽくて、ドキッとしてしまいました。

「あんたのお母ちゃんとは、実の姉妹のように育ってね。毎日、いっしょに遊んだんだよ。私は高校を卒業してもこっちで就職して、こっちで嫁《とつ》いでね。あんたのお母ちゃんは東京の女子大に行ったけど、いまでも仲よくしてんだわ」

そういう女性が話す方言もまた魅力的でした。ときどき母が同じようななまりというか、イントネーションになるのを思い出しました。

「あ、これ、母から預かってきたお届け物です」

「そうそう、これこれ、これがね、東京でしか買えないんだわ」

まあ、それは何やら限定生産の和菓子だそうで、私はまったく興味がなかったのですが、聞けば、恭子さんはその大きな家に一人で住んでいるというのです。数年前に夫に先立たれ、二人の娘も結婚して実家を出てしまったのだと。

「急ぐ旅でもないんだっぺがら、少し休んでいきなよ。東京から運転してきたら疲れたでしょ? お風呂沸《わ》かしておいたから、入っちゃいな」

まだ夕刻、午後四時ぐらいだったのですが、真冬の山間の村ですから、すでにとっぷりと日が暮れていました。

「いやー、それは悪いというか……」

「何言ってんのよ、浩司くんは、私にとっても息子みたいなもんなんだから、遠慮なんかしなくていいんだよ。ほらほら、はやぐして」

「そ、そ、そうですか。じゃ、お言葉に甘えて」

実際、私は久しぶりの長距離運転で疲れていましたし、排気ガスと汗にまみれている感じがして、お風呂にはとてもひかれるものがあったんです。

それは、大きな日本家屋にふさわしい立派な檜《ひのき》風呂でした。

「ぷはー、極楽極楽。温泉みたいだな」

さっぱりして部屋に戻ると、こたつの上に郷土料理が並んでいました。

「せっかくだがら、今日はうぢに泊まっていぎなよ。部屋はなんぼでもあるし。もうお酒も飲めるんだよね。はいよ、とりあえずビール」

「でも、そこまで迷惑はかけられないんで……」

「迷惑でもなんでもねえよ。逆に、おばちゃん、いっつも一人だがら、おしゃべりしたいんだわ。浩司くんが話し相手になってくれだら、うれしいのよ」

「そ、そんなの、お安いご用ですけど……」

「うん、じゃあ決まりだね」

そうして私と恭子さん、二人の夜が始まったんです。

恭子さんの手料理はほんとうにおいしくて、私はたらふくいただきました。

「あんなにこまかった浩司君が、こんなに男らしぐなってねぇ」

近くの酒蔵で造っているという地酒を出してくれて、こたつに差し向かいでチビチビやっていると、恭子さんの頬がほんのりと染まっていきました。その上目づかいの眼差しや指の動きまで色っぽくなって、私はドキドキしていました。

「イケメンだもんねえ。モテモテだっぺね、大学なんて行ってだら」

「そんなこと、全然……この前も、ふられたばっかりだし」

それはほんとうの話でした。私は高校のときに生まれて初めてできた彼女と、つい最近までつきあっていたんですが、別の男を好きになったと、あっさりふられてしまったんです。今回のひとり旅を考えたのも、それを忘れるためというか、気をまぎらすためというか、実は、そういう理由が大きかったんです。

私がそんな話をすると、恭子さんはやさしく微笑んで言いました。

「それはつらがったね。でも、若いときは、そんなことの繰り返しだがら。浩司くんのお母ちゃんも、結婚するまでは、いろいろあったんだよ」

「えーっ、そうなの?」

「私とお母ちゃんは、お互いのことなんでも知ってるんだって。若いときは女だって異性に興味津々《しんしん》だがら、つきあったり別れたり、けっこうしてるんだわ」

母親の恋愛とか考えたこともなかったので、私は言葉が出ませんでした。

「あ、そうだ、私も酔っぱらう前に、お風呂入ってきちゃうね」

そう言って恭子さんは消えてしまいました。残された私は、母親にも女子高生とか女子大生とか、独身時代とかがあって、父親以外の男とつきあっていたこともあるという現実を突きつけられたような気分でした。

「んー、気持ちよがった」

湯上りの恭子さんは、冬用の浴衣のような厚手の寝間着を着ていました。濡れた髪と相まってなんとも色っぽく、思わず見とれてしまいました。

「さあ、浩司くん、飲みなおすべね」

すると、恭子さんは当然のように私の隣に腰をおろしてきたんです。

大きいこたつでしたが、一辺に並んで座れば、自然と体がふれ合い、体温が伝わってきました。喉元や首筋の白い肌が間近に迫ってきました。石鹸の清潔な匂いに甘いフェロモンをミックスしたような香りもただよってきました。

「ふられたとか、別れたとか、そんなことは、違う人とエッチなことしたら忘れられっから。おばちゃんでよがったら、忘れさせてやるよ」

そう言って恭子さんは私の手をとり、寝間着のすそから中に導いていきました。

すべすべの肌は、脚を昇っていくほどに温かくほてってって、内腿はしっとりと湿っていました。さらに昇らせると、彼女は下着をつけていませんでした。

「いいんだよ。さわって、浩司くん」

恭子さんの腰つきに誘われるように、私の指はヴァギナをさわりはじめました。そこはすでに驚くほど濡れていました。小陰唇を広げて、ねっとりとした溝に中指を往復させていくと、コリッとしたものに指が当たりました。

「あっ……そ、そこ」

恭子さんのクリトリスは大豆《だいず》ほどの大きさで、指先を押し返してきました。こり固まったそれをこねるようにさわると、「ああぅ」「むぅ」と小さく声を洩《も》らし、全身をふるわせていました。そして、思い出したように言いました。

「そこが気持ちいいって、浩司くんのお母ちゃんに教えてもらったんだよ。小五のときだったかなあ。それから毎日、さわるようになっちゃってね」

母親が小学生のときからオナニーしていた……にわかには信じがたいことを聞いて、私は動揺を隠すように膣口にヌルッと挿入してしまいました。

「ああっ……んぐぅ、むぅぅ」

恭子さんの全身にグウゥッと力が入りました。熱くぬかるむ膣粘膜がいそぎんちゃくのように指にまとわりついてきました。根元まで埋まった指を膣壁が咀嚼《そしゃく》するように締めつけてきました。私は関節を曲げ伸ばしして指を動かしました。

「指入れられるなんて、久しぶり」

ハスキーな鼻息を洩らしながら、恭子さんがゆっくりと腰を振りはじめました。埋め込んだままの私の中指が、恭子さんの腰つきで、ヴァギナの中にピストンを繰り返したんです。下半身をしゃくるように振り上げる恭子さんは、「はぁぁ」「うくぅぅっ」と脳みそがしびれるような吐息を洩らしていました。

「ねえ……もう一本、入れで」

恭子さんのふしだらなおねだりに、興奮が私の全身を駆け巡りました。中指に薬指も加えて入れると、恭子さんの腰つきがさらに大きく、激しくなりました。こたえるように、私も指の突き入れを激しくしました。

「もっと突いで!　も、もうイッちゃう」

グイグイとウエストをしゃくる恭子さんの膣に、私はスナップを利《き》かせて二本の指を出し入れさせました。続けざまに突き入れたんです。グチャッ、グチャッ、グチャッと、寝間着の奥からくぐもった粘着音が聞こえていました。

「んむぐっ、うぐぅ、んぐぐ」

喘ぎ声を押し殺す恭子さんの全身に、やがて驚くほどの力が入りました。

「あうぅっ……イグ、イグッ！」

膣粘膜がギューッと締まり、私の指が奥に吸い込まれました。逆らうように指を出し入れすると、恭子さんの腰から下がビクッ、ビクビクッと弾みました。

「こんなにすぐ、イッちゃって……恥ずかしい」

首筋までピンクに染めた恭子さんが、ゆっくりと唇を重ねてきました。

「チュッ、チュプ……はうぅ」

恭子さんの唇はとろけそうなほどに柔らかいものでした。すぐさまヌメッと舌を私の口の中に突き入れてきました。その舌が私の舌に絡みついてきました。

「んぐぐ、グジュッ、ジュルル……」

二人の舌がお互いの口の中を行き交い、どっちがどっちの舌かわからないほどに絡まり合って、唇の周りがヌルヌルになっていきました。

チュプッと口を離して、恭子さんがささやきました。

「浩司くんとキスしてるなんて、夢みでえだよ」

ニコッと笑って、再び唇を重ねてきました。舌のリズムが激しさを増して、狂おしい吐息とともに、口角から流れるほどに唾液がこぼれていました。

「……アウッ、くぅ！」

いきなり私の股間が、恭子さんの両手でおおわれたんです。

「……こんなに大きいんだね、浩司くんのチ◯ボ」

そう言って、ゆっくりとなで回してきました。そのまま両手を動かして、勃起したペニスをかたどるようにさわってから、ボクサーパンツごとスウェットパンツをずり下げてしまいました。二人の間にペニスが、ビンッ！ とそそり立ちました。

「アンッ！ すごい……」

見つめる恭子さんのやさしい指が、ペニスを握り込みました。

「こんなに太くて、硬くて、ドキドキしちゃうよ、浩司くん！」

そのまま恭子さんがポッと唇を開くと、ツーッと唾液が糸を引きました。

「ええっ、あぁっ！」

唾液は次から次へとペニスの上に滴《したた》り落ちました。しかも恭子さんは両手で受け皿を作って、左右にこぼれる唾液を受け止めていたんです。濃い唾液をたっぷり滴らせた恭子さんは、手のひらに溜まった唾液もすべてまぶしつけ、両手でギュッとペニスを握って、ヌルッ、ヌルッとしごきはじめました。

「あうッ、くぅぅっ……」

私は思わず大きい声を発してしまいました。

「こうすると、気持ちいいべね」

別れた彼女にそんなことをされたことはありませんし、確かにそれは毎日のようにしているオナニーとは、比べ物にならないほどの気持ちよさでした。

「あぁぅ、はうぅぅ、ああはうッ!」

私が快感に身悶《みもだ》えていると、恭子さんが訴えるように言いました。

「私、もう、浩司くんのチ○ポ……食べたくて仕方ねえんだよ」

「い、いいの? そんなことまで……恭子さん」

「そのまま立ち上がって……」

言われるまま立ち上がると、恭子さんは私の足元で女の子座りになって、脱げかけのスウェットと下着を引きずりおろしました。

「ちょ……恥ずかしいです、恭子さん」

ペニスは恥ずかしげもなく上を向いていました。それを艶々と輝く恭子さんの唇が、スローモーションのように咥え込んでいきました。

「あぁぐぅ、そんなに……」

いきなり心地いい温かさ、信じられないほどなめらかな感触に包まれて、どうしていいかわかりませんでした。口の中にたっぷりと亀頭を泳がせてから、チュポッと吐き出した恭子さんが、イタズラっぽくささやきました。

「フフッ、指でイカせてもらったお返しに……口でしてあげっからね」

私の顔をジッと見つめたまま、生き物のように舌を動かし、カリ首、裏筋、根元まで這《は》い回らせて、ネロネロと味わうように舐めつけてきました。

それから再び亀頭を咥え込み、ゆっくりと首を振って、ペニスに唇を往復させました。恭子さんの口からペニスが顔をのぞかせるたびに、ヌラヌラと根元まで光っていました。やがて唇はピストンのように動きだしたんです。

私の太腿に両手を添えて、手を使わずに口だけで、ジュブ、ジュブッ、ジュブブッと首を振りつけ、カリ首から根元までしごきつけていました。

「あう、くっ、すごッ！」

恭子さんの柔らかい唇に自分のそり返ったペニスが突き刺さっていました。吸引の強さを物語るように、ふくよかな頰がキュッと窪んでいました。

グジュ、ジュ、ジュボッ、グジュッと強烈さを増すオーラルの快感が全身を駆け巡り、恭子さんの痴態に脳みそをかき回されて、私は気が狂いそうでした。

「うぅっ、いっ、気持ちいい！」

突っ立った私から垣間《かいま》見えるペニスが、唾液にまみれ濡れ光っていくに連れて、股間で沸き立つ強烈な快感が、四肢の先までしみ広がっていきました。

「うくっ、そ、そんなに奥まで」

突っ張った両脚がブルブルと震えました。恭子さんの口の中では、ペニスの出入りに合わせて、舌が尿道口から裏筋を舐め上げていました。

「ぐうっ、気持ちよすぎ……る」

ジュブッ、ジュブッと湿った音が、日本家屋の座敷に響き渡りました。

右手でペニスの根元を握り、激しくしごきながら、フェラチオする頭の振りもさらに急ピッチになっていきました。グジャッ、グジャッ、ジュブブッ。

すると、突然、恭子さんが言ったんです。

「ハッ、ハッ……もう、我慢できねえ」

あせったようにスウェットとボクサーパンツを私の足から抜きとりました。

「浩司くん、こたつの上に座って」

私がこたつに腰をおろすと、股間にペニスがニョキッと突っ立ちました。

「そのままにしててね、私が入れるから」

そう言って恭子さんは、寝間着のすそを大きくまくり上げて、下半身を丸出しにしました。むっちりとした肉づきで、ゾクゾクするほどエロティックでした。

二人とも下半身だけすっぽんぽんという姿が、ふしだらさを強調していました。

「どうしよう、ほんとうに私、浩司くんと……」

恭子さんは私の腰を跨《また》いで、こたつに両足を乗せ、がに股になりました。M字開脚に踏ん張り、ペニスを握って、亀頭を自らのヴァギナにあてがいました。

「んむぅ、あ、ああ……」

恭子さんがゆっくりと腰を落としてくると、ねっとりと熱く、ヌルヌルとなめらかな膣粘膜に、みっちりと抱き締められるようにペニスが包み込まれました。

「あぁっ、は、入ったよ」

リズミカルに収縮する膣粘膜が、ペニスの隅々まで締めつけてきました。

「感じる、浩司くんが私の中に……」

ウエストを支点にして、恭子さんのヒップが動きだしました。クイッ、クイッと挿入部分をしゃくったり、腰から下を大きく回転させたりしていました。

「どうしよう、腰が勝手に……動いちゃうっ」

黒髪を振り乱し、挿入部分を上下に、前後に、そしてグルグルと回転させつづけました。「もっと」「もっと」と、激しさを増す恭子さんの腰つきを受けて、膣粘膜が強烈なうねりでペニスをしごき上げてきました。

「くッ、恭子さん、そんなに……」

真冬だというのに、全身から汗が噴き出しました。恭子さんのお尻も汗でコーティングされて、私の太腿を往復するスピードがさらに上がりました。

「いつも、自分から、そんなに腰を振るの?」

「ヤダ、浩司くん、やめで」

私を黙らせようとでもいうように、恭子さんが寝間着を脱ぎ去り、私のトレーナーとTシャツもはぎとってしまいました。

全裸の座位で激しく腰を振りながら、恭子さんが私の上半身を抱き寄せ、唇をむさぼり、耳をしゃぶり、顔面を舐め回してきました。

「セックスしてる。浩司くんとセックスしてるんだね」

二人とも全身汗まみれで、身も心も融け合っていくようでした。いつまでも、このふしだらな時間に溺れていたいと思っても、男の限界が近づいていました。

「あぅ、も、もう……俺、もう」

すると恭子さんが、お尻をクイッと引いてペニスを抜いてしまったんです。

「待って……う、後ろから入れて」

訴えるようにつぶやきながら立ち上がると、こたつに両手をついて、足を肩幅以上に開き、生脚を張りつめ、むっちりとしたヒップを突き出してきました。

「私ね、後ろから突かれるのが、いちばん好きなの」

私が立ちバックの背後に近づくと、恭子さんの股間から指が伸びてきました。ペニスを握って、亀頭でヴァギナをまさぐり探し、膣口に固定したんです。

「浩司くんのチ◯ポで、後ろから責めて！」

私が腰を押し出すと、ペニスはジュボッと一気に根元まで姿を消しました。

「ああうッ、す、すごい……いきなり奥まで」

私は恭子さんの腰を両手でつかみ、強く、大きく、腰を振り込みました。

「あッ、いいッ、最初から激しぐて、アアウゥッ」

足を踏ん張りピストンを繰り返すと、熟れた肢体も躍《おど》っていました。

「あッ、あッ、マ○コ、気持ぢいいぃー」

恭子さんの背中、ウエスト、大きい桃のようなヒップ、全身の肌にびっしりと汗が浮いていました。お尻の割れ目に息づくアナルまで丸見えでした。

アナルの下では、愛液まみれの女陰部に私のペニスが突き立っていました。淫らな光景に目を奪われていると、恭子さんが逆なでするように言ったんです。

「もっと乱暴にしていいがらね」

私は貫くように腰を突き出しました。腰骨をお尻に叩きつけるようにして、勢いよくペニスの根元まで突き入れたんです。そのたびに、生貝のような小陰唇がペニスに巻き込まれて、アナルがキュキュッと収縮しました。

「ああっ、興奮して、おがしくなっちゃうぅッ」

空気を吸い込むように萎《しぼ》んでは開くアナルの下で、蜂蜜のように濃厚な愛液を絡みつけながら、何度も、何度も、ペニスが埋まっては姿を見せました。

「いいッ！　旦那が死んでがら、ずっと、こんなふうに入れられたがったの」

恭子さんがさらに下半身を躍動させてきました。二人の動きが同調し、より激しい挿入リズムを生んで、淫らな快感に呑み込まれていったんです。

「もう、セックスなんて一生、できないのかと思ってたんだがら」

私は指に吸いつくお尻の肉をもみ込みながら、強烈な突き入れを繰り返しました。恭子さんもペニスを受け止めようと、ヒップを突き出してきました。

「だがら、すごく感じちゃう。浩司くんのセックス！」

恭子さんが快感を感じれば感じるほど、ヴァギナの中が収縮し、生き物のような粘膜がペニスにまとわりついてきました。むさぼるように吸引されて、私は強烈な射精感に襲われました。ペニスの根元でマグマが沸々《ふつふつ》と煮えたぎっていました。

「いい、いいよ、気持ちよくて、気が変になりそうだよ」

恭子さんが痙攣するように両脚を屈伸させながら、髪を振り乱しました。

「ぐッ、俺……もおっ、出そう」

我慢の限界を超えた私は、挿入の振幅を最大限まで大きくしました。

「はッ、あッ、私もイギそう」

恭子さんは硬直したように背筋をそり返らせて、受け止めていました。

「あぁぁっ、いっ、イッちゃう、イッちゃうよ」

私は息を止めて、ラストスパートのピストンを繰り返しました。

「ぐうっ、恭子さん、このまま出すよ！」

「ああっ、浩司くん、いっしょに！　イグイグ、イグッ！」

尿道口が破裂しそうな勢いで精液が飛び出しました。二度、三度と続けざまに飛び出し、そのたびに恭子さんの腰がキュンキュンとそり返りました。

「いッ、奥に熱いのが、奥に当だってるッ！」

急激な放出感に両脚がしびれて、腰が抜けそうでした。

恭子さんの下半身もわななき震えていましたが、ヴァギナの中では粘膜がうねって、最後の一滴までしぼりとろうとするように亀頭をむさぼっていました。

「いやッ、いやッ、まだイッてる、イッてるってば！」

膣粘膜はビクビクと痙攣する四肢が動かなくなるまでうごめいていました。

「あぁっ、浩司くん、私、もう、死んじゃう！」

「うッ、くうぅ、恭子さん、俺、もう何も出ない……」

下っ腹の奥まで空っぽになった感覚に、たまらず私は腰を引いていました。ペニスがヌルヌルと姿を現して、カリ首がヌルッと膣口に引っかかりました。

「あ、ああんッ！」

立ちバックの恭子さんのヒップが、最後にもう一度ビクビクッと痙攣しました。私は放心したように、ふらふらと畳の上に尻餅をついてしまいました。

激しい情交が終わり、そそくさと身支度をととのえながら、私がチラッと恭子さんに視線を向けると、それまでの痴態がウソのように微笑んでいました。

「そういえば、昔、浩司くんのお母ちゃんも、バックで激しく突かれると、すごい声が出ちゃうって言ってたっけな……」

翌日、恭子さんに「気をつけてね」と送り出されながら、想像もしたことなかった母親の女の顔を知ってしまい、帰宅したときにどんな顔で会えばいいのかわかりませんでした。ただ、少しだけ大人になった気もしたんです。

# 愛する夫を失った五十路熟未亡人……旅館の風呂場で濡れた女体を慰められて

麻宮香帆　パート・五十五歳

三十年近く連れ添った夫を、二年前に病気で亡くしました。しばらくは室内のいつも見えるところに骨壺を置いていたのですが、夫の実家のほうから「早く墓に入れてやってくれ」と言われて、去年ようやく遺骨を持って夫の生まれ故郷へ向かいました。これはそのときの出来事です。

納骨をすませてしまうと、「これで私も完全な未亡人になった」という気分になり、夫の実家の人たちとも縁が切れてなんだか身軽になったようでした。そんな解放感もあって、あんなことになったのだと思います。

まっすぐ帰るのはいやだったので、私はその足で、夫の故郷から電車で一時間ほどのところにある某温泉地に立ち寄りました。誰もが名前くらいは聞いたことのある東北地方では有名な観光地の、その端っこにある、ちょっと秘湯めいたところです。地元の人しか行かないところなのですが、夫は子どものころから家族といっしょによく訪れていたらしく、私と結婚してからは「ここは観光ガイドでもめったに紹介されないいんだ」と言って、よく連れていってくれました。そんな思い出深い場所です。

夫が亡くなってからは全然行ってなかったのですが、なんだか思い出にひたりたくなって、つい一人でフラッと訪れてみたのです。

静かな温泉街にはお店なども数軒しかなくて、いかにもひなびた感じです。でも、だからといってさびしいのではなく、にぎやかな観光地にはない人情味が伝わってきて、ほんとうにいいところです。

夫と二人で食事をしたりお土産を買ったりしたお店などをぶらぶらしながら眺めているうちに、あらためて、夫はもうこの世にはいないのだという実感がわいてきて、なんだかさびしくなりました。

こうやって夫を偲《しの》ぶのも考えものだな、これを最後にしよう、そう思いながら訪れたのは、夫とよく行った旅館です。

「やあ、お久しぶりですね。あれ、お一人ですか？　旦那さんは？」

顔なじみのご主人は、私よりひと回り下の世代だと思うのですが、親しい友人のように接してくれます。

「じつは、一昨年に病気で亡くなったんですよ」

「え？」

あまりの驚きように、私も、つい涙が込み上げてきました。

「そうなんですか？　全然知りませんでした」

そう言って、すっかり素《す》の顔になっていっしょに悲しんでくれました。ああ、この人は私たちのことを、普通のお客さん以上に大切に思っていてくれたのだなあと、そのとき気がつきました。あらためて、ひとり旅のさびしさを実感しました。

ところが、部屋に通されて食事をいただいたのですが、いつも給仕をしてくれる奥さんの姿が見えないので不思議に思っていると、ご主人が言いました。

「じつは私も、去年、妻を亡くしましてね」

今度は私が驚く番でした。確かまだまだ三十代の、かわいらしい感じの奥さんでした。やはり急な病気だったそうです。お互いに配偶者を亡くした者同士、なんだかしんみりしてしまいました。人間って似た境遇のなかにいると、何も言わなくても通じ合う気持ちがあるのだなと感じていました。

それで私、いま思えば恥ずかしいことですが、お風呂に入るときになり、ふとご主人にこんなことを言ってしまったのです。

「あの、とても恥ずかしいお願いなのですが、もしいやでなければ、背中を流してもらえませんか?」

ご主人は「え?」という顔をしていました。

「いつも夫と二人で入っていたお湯に一人で入るのは、なんだかさびしい気がして。でも、へんですよね、ごめんなさい。おかしなことお願いして」

ところが、ご主人は小さく笑いました。

「奥さんがよろしければ、喜んで背中を流させてもらいますよ。私の妻も、きっと喜んでくれると思います」

思いがけない会話の流れで、そんなことになってしまいました。そして、ここに来るのも最後だろうから、これを思い出にしようと決めたのです。

風呂場でお湯につかっていると、パンツ一枚になったご主人が、失礼しますと言って入ってきました。裸を見られるのは恥ずかしいけど、もう五十代半ばのおばさんです。「さあ、背中を流しましょう」そう言われたときには、洗い場に座って身をまかせる決心がつきました。

最初は夫の思い出話などしながら、しみじみした気分で背中を洗ってくれていたご主人ですが、ところが、そのうち素手で私の体を愛撫していました。最初はびっくりしましたが、その優しい手つきが夫のことを思い出させて、そのまま身をまかせていました。

「きれいな肌してますね」

「何言ってるんですか、もうすっかりおばさんですよ」

「まさか。まだお若い体ですよ」

言葉の端々にご主人の優しさが伝わってきて、なんだか他人とは思えなくなってきました。そしたら、どういうわけか、自分の体が反応しているのに気がつきました。夫が亡くなって以来、そんなふうになるのは久しぶりでした。なんだかじんわりと濡れてきたのです。

ご主人の手が背中全体をなで回し、腰をさすり、そのままお尻の肉を愛撫しはじめると、体の芯が温かくなるのがわかりました。

そんな私の気持ちに気づいたように、ご主人の手がそのまま前に回って乳房のふくらみをなぞってきます。太目な私の乳房は、年齢のわりには恥ずかしいくらいボリュームがあるのですが、その乳房の丸みを愛撫されると、いつの間にか乳首がとがってくるのがわかりました。

私、感じてる、興奮してるんだ……そう思うと、恥ずかしさよりも快感のほうを強く感じました。

こんな年齢になって、宿のご主人に体を愛撫されて乳首をとがらせてしまうなんて、なんてはしたないことだろうと思いながらも、そこが夫のなじみの宿だと思うと、なんだかそうなるのがあたりまえのような気もしてきました。

「じつは、私もときどき、妻と二人でこのお風呂に入ってたんです。お客さんの少ない閑散期ですけどね」

奥さんは温泉が大好きでここに嫁いできたそうで、派手な観光地ではないけれど、とてもしみじみした風情《ふぜい》のあるこの秘湯のために、とてもがんばっていたそうです。そんな話、初めて聞きました。

「じゃあ、奥さんとも、こんなことを？」

「そうですね、若かったころは、このままここで絡み合ったこともありました」

「え、そうなんですか!?」

絡み合ったなんて言葉を聞いて、私の下半身が一気に疼きました。この風呂場で、若いご主人と奥さんとがどんなふうにして絡み合ったのか、それを想像するだけで、何年ぶりかでアソコが熱くなりました。

気がつくと、ご主人のパンツの前は、もうすっかり盛り上がってテントを張っています。とても見事なテントで、つい見入ってしまいました。

「申しわけありません、つい昔を思い出して、こんなになってしまいました」

ご主人が恥ずかしそうにそう言うので、

「いいんです、うれしいですよ、そんなふうになってくれて。あの、よかったらパンツの中を見せてもらえませんか？　男性のアレを久しぶりに見てみたい」

自分でもなんて恥ずかしいことを言ってるのだろうと思いましたが、なんだかそんなことが許されるような空気でした。もしかしたら、いま、私の気持ちをいちばんよくわかってくれるのは、このご主人かもしれない。そう思ったら、そんなはしたない言葉が自然と口から出てしまったのです。

　ご主人は一瞬びっくりした顔をしましたが、素直にパンツをおろしました。とたんに私の目の前に、力強くそそり立った男性自身がブルンと揺れて飛び出しました。何年ぶりでしょうか。男性器特有の卑猥な匂いがして頭がしびれそうでした。年がいもなく、私は自分の下半身がドロドロに溶けそうでした。

「す、すごい！　こんなに立派なんですね」

　なぜか夫のモノを思い出しました。あの人もこんなに立派だったなあと思い出すうちに、気がつくと両手でそれを握り、こすっていました。

「お、奥さん!?」

「ごめんなさい、久しぶりに殿方のこんなの見たら我慢できなくて。でも男と女がいっしょにお風呂に入るっていうのは、こういうことでしょう?」

　それに顔を寄せて、こすりながら匂いを嗅ぎました。

「すごい……男の匂いがします。恥ずかしいけど、夫に先立たれた年増女が我慢できなくなったと思って許してください。私だって、まだ女盛《おんなざか》りなんですよ」

そう言いわけしながら、それにむしゃぶりつきました。夫が生きてるうちは、よその男性のモノにそんなことするなんて考えられなかったけど、夫の納骨をすませたこともあって、なんだか好き勝手なことができる奔放な女になったような気がして平気でした。

亀頭を口に入れて舐め回しながら、サオの根元をしごき上げると、ご主人は、

「おおお」というような声を洩らして感じています。

夫のよりもカリが張っていて、しっかりしたイチモツでした。これを挿入されて出し入れされたら、どんな感じなんだろう？　つい妄想してしまいました。口の中に唾液をたっぷり溜めて、ジュボジュボと音を立てながら舐めしゃぶりました。口の端から唾液がこぼれ落ちるのもかまわず、それを味わいました。ご主人の声が大きくなってくるのを聞きながら、指先でタマの袋のほうも刺激しました。奥さんを亡くしたということは、そこにはご主人の精の汁がたっぷり溜まっているのだろうか？　そんなことが頭をよぎりました。

「先っぽのところから、たくさんよだれが垂れてますよ」

舌先でそこをチロチロと刺激しました。

「ああ、そこ、弱いんです。そこを吸われるととても感じます」

「ふふ、かわいい」

亀頭を口に含んでチュウチュウ吸うと、ご主人は体をよじって感じています。

その素直な感じがうれしくて、吸いながら激しくサオをしごき上げました。

「ああ、ダメですよ、奥さん、そんなにしたら、我慢できないです」

「我慢できないと、どうなるんですか?」

「我慢できないと、このまま奥さんの口の中に……」

「私の口の中で出すんですか? 私の口で射精するんですか?」

「は、はい、このままされたら、奥さんの口に射精しそうです」

この人、私の口で精液を出そうとしてるんだ、そう思うと、ますます淫らな気分になってきました。自分の口が女性器のようです。唇をすぼめて、必死になって刺激しました。タマをもむ手も速くなってきました。

口の中でイチモツがギュンギュン硬くなっていきます。あ、これは射精する寸前なんだなと思いました。いま、この瞬間に、濃厚な精液が上がってきて、イチモツの中を通って口の中で一気に飛び出そうとしているんだ、そう思うと、興奮で全身が熱くなってきました。まさかこの年になって、自分よりもうんと若い男性の精液を受け止めるなんて想像もしていませんでした。

やがてご主人は「出る!」とひと声叫びました。同時に口の中に熱い液体が溢れてきて、喉の奥まで刺激してきました。

すごい量です。口の中いっぱいに強烈な匂いが広がりました。私は、ためらうことなくそれを飲み込みました。久しぶりの精液の味は、独特のとろみがあって濃厚で刺激的で、頭の奥がジンジンしびれるようでした。

「ごめんなさい、奥さん、とんでもないことをしてしまって」

「いいの。すごくうれしい。それにおいしかったし」

「お願いです、奥さんのこともご奉仕させてください」

そう言うとご主人は、私の両手を壁につかせて、お尻を突き出す格好をさせました。というよりも、私のほうからすすんでその格好になったのかもしれません。すっかり舞い上がってしまい、何がなんだかわからないうちに、私はご主人に向かってお尻を突き出し、すべてをさらしていたのです。

「奥さん、全部見えてますすよ」

「やだ、言わないで。太ってるから恥ずかしいんです」

「そんなことありません、私はこんなふくよかな女性が好きなんです。女性の恥ずかしい部分がすべて見えてますよ。しかも、びっしょり濡れてる。これ、お湯じゃありませんよね」

「言わないで、お願い、早く味わって！」

ご主人が、その部分に顔を埋《うず》めてきました。鼻先が割れ目に当たり、舌先がクリトリスを探し出してペロペロと刺激してきました。久しぶりの感じです。男性の舌が私の最も敏感な突起物を舐めている。そう思うだけで、もう下半身が震えてきそうでした。

夫が亡くなってから、ときどき自分でそこをさわることはありました。夫の舌で舐め回されるのを想像しながら、指先で小刻みにふるわせて、一人で気をやってしまうのが習慣になっていました。

でも、そうやって後ろからご主人に舐められるだけで、一人でするより何倍もの快感が広がるのがわかりました。

「いい、すごく感じる。もっと舌を動かして、いっぱい味わって」

「感じやすいんですね、奥さん。奥のほうからトロトロした液があとからあとから溢れてきますよ」

「やだ、恥ずかしい。ねえ、舐めて、味わって。私の女の液を全部残らず舐めとってください」

ご主人の舌が激しく動きはじめて、その部分の液を全部舐めとるのがわかりました。いつも穏やかで礼儀正しく接客してくれるときのご主人の姿が頭に浮かんで、すごく興奮してしまいました。舌は女性器から肛門のほうまで這い回ります。こんな熟した女のお尻の穴まで舐めてくれてると思うと、もうすっかり理性が吹き飛んでしまいました。

「死んだ妻もよく濡れる女でしたけど、奥さんもすごい愛液の量ですね」

「こんなに濡れるのは初めてです。ねえ、もう我慢できない」

お尻を揺さぶって、おねだりしました。さっきまで私の口の中を満たしていたカリ太のイチモツを早く挿入されたい、もうそれしか頭にありませんでした。

見ると、さっき射精したばかりなのに、もう勃起しています。しかも、さっきよりも力強く上を向いています。

「お願いです、それを私に入れてもらえませんか」

「え、いいんですか？」

「ご主人もここで奥さんをかわいがってたんでしょう？　同じように私にもしてほしいんです。年がずいぶん離れてるから私のことを奥さんだと思うのは無理かもしれないけど、ここであなたに突かれたいんです」

「そう言ってもらえてうれしいです。妻の代わりじゃなくて、奥さんとひとつになれたら私も本望ですよ」

　そんなやりとりをしたあと、ご主人はその大きくて逞しいイチモツをアソコに押しつけてきました。すぐには入れないで、先端でゆっくりと割れ目やクリトリスを刺激してきます。そうされると、これから始まることへの期待が高まって、また新しい液体が溢れてきました。この年になってもこんなにも愛液というのは溢れるものだと驚きました。

「私、いま、恥ずかしいところをペニスでこすられてるんですね」

「そうですよ、いきり立ったペニスで奥さんの恥ずかしい部分をこすってます」

「すごくいい、こんな卑猥なことされるの初めて」

そんなことをいつまでも続けられたらほんとうに頭がおかしくなりそうでした。私は自分からお尻を揺らしておねだりしました。

「もう我慢できません、ねえ、お願い！」

「欲しいんですか、入れてほしいんでしょう？」

「はい、その立派なイチモツをください！」

自分の言葉に興奮しながらお尻を突き出すと、アソコが一気に押し広げられる感じがしました。大きなものがゆっくり入ってきます。何年もセックスをしていなかったので、まるで初体験のような痛みがありますが、いやな痛みではなくて、その張り裂けそうな感じが快感でした。

「奥さん、大丈夫ですか？」

「大丈夫、すごくいいです。アソコが喜んでる。ねえ、動いてみて」

ご主人のピストン運動が始まりました。ズリュズリュという感じで私の愛液にまぶされたイチモツが出たり入ったりしているのがよくわかります。大きなお尻の柔肉をがっしりとつかんで、ご主人が突き上げてくるたびに、私の体の奥からズンズンと快感の波が広がってきました。自分の指でするのとは大違いです。そうだ、セックスってこんな感じだったんだって、私、思い出していました。

「すごいですね、奥さん！　こんなに感じるの初めてです」

ご主人の声は上擦っていました。

「ほんと？　こんな年増女の体じゃ満足できないでしょう？」

「そんなことありません。中のほうで何かがまとわりついてくるんです。こんなの初めてです。奥さん、もしかしたら名器なんでしょう」

「え？　ほんと？」

名器だなんて言われたのは初めてです。

夫はそういうことに詳しい人ではなかったけれど、でも考えてみればイクのが早かったと思います。早漏とまでは言いませんが、長持ちするほうではないと思っていました。もしかしたら、それは私が名器だったからだろうか。いまになって、そんなことを思いました。もちろん、もう確かめようがありませんが、でもご主人に名器ではないかと言われて、なんだかうれしくなりました。

「ねえ、たくさん味わってください。私の体でいっぱい気持ちよくなってほしい。たくさん突いて、あなたのイチモツを喜ばせてあげて」

そんな恥ずかしい言葉も平気で出てしまいました。

気がついたら、私は、いわゆる立ちバックの体勢で思いきりお尻を突き出して、そのお尻を揺さぶるように動かしていました。その大きなお尻を両手でつかまえて、太い杭《くい》を打ち込むようにピストンしてくるご主人の動きに、もう頭がおかしくなりそうでした。

「奥さん、もう我慢できないです。出てしまいます」

「さっき出したばっかりなのに、また射精するんですね」

「奥さんのアソコがすごくいいから、またイクんですよ」

ご主人の声が昂《たかぶ》っています。それを聞いて、私も一気に突き上げられてしまいました。

「いいですよ、出してください、私の中に出して。思いきり射精してください。あなたのお汁でアソコをいっぱいにして」

「いいんですか? 中に出しますよ!」

「いいの、出して、ドクドク出して!」

達したのは二人同時でした。

奥が突かれたと思った瞬間、熱いものがドクンドクンと流し込まれて、アソコの中がいっぱいになりました。それを感じながら私も悲鳴をあげて達してしまったのです。体が痙攣していました。ほんとうに久しぶりの絶頂感でした。

終わってしまうと、お互いに照れくさいものです。

そのあとは目を合わせないようにして自分の体を洗い、静かに湯船でお湯を楽しんでいました。何も話さなくても、お互いに満ち足りた気持ちでいることがわかりました。ああ、来てよかった。そう思えるひとときでした。

それ以来、そこへはもう二度と行っていません。もしかしたらご主人は待っているかもしれないと思うこともありますが、まだ若いから、新しい人と結ばれてやり直すこともできると思うと、もう行かないほうがいいと思っています。

いまは、一人の暮らしを楽しんでいます。ときどきさびしいと思うこともありますが、でも、あのときのご主人との体験がいまの私を支えているのです。

# 古民家で暮らす妖しい熟女の秘密……背徳の近親相姦に耽る牝穴を貪りまくり

渡辺正信　会社員・三十五歳

結婚五年目にしてようやく子どもを授かり、妻は現在妊娠六カ月目です。

妻とは以前から、いつか子どもが出来たら自然の多い場所に移住したいね、なんて話していました。二人であれこれ考えながら、選んだ候補地を巡っていたのです。

この夏は、瀬戸内海に面した大自然の中にある古民家に泊まってきました。利用した民泊は一日一組限定で、農作業の手伝いなどをさせてもらいながら、実際の暮らしに近い体験ができるというものでした。まさに私たち夫婦の目的にぴったりだったのです。

こんなところに家があるのかと思うほど深い山道を車で登りました。

オーナーは五十代の早苗《さなえ》さんという女性で、宿を一人で切り盛りしていました。割烹着がよく似合っていて、目尻にしわを寄せた優しそうな笑顔が印象的でした。早苗さんはご主人に先立たれてから、多くの田畑を手放して民泊を始めたのだそうです。

遠方に嫁いだ娘さんから近くにおいでと呼んでもらったそうですが、脚の悪い舅《しゅうと》が残っているので、そこを離れるわけにはいかないのだと言いました。

自分たちは離れに住んで、縁側のある広い母屋《おもや》を宿泊者に提供しているのです。

「夫が亡くなってさびしかったけれど、この仕事のおかげでいまは楽しいくらいです」

そう言って微笑む早苗さんのそばに駆け寄った妻は、食事の支度を手伝いながら質問責めにしていました。

早苗さんは、地域の風習や田舎暮らしの厳しさなどをていねいに教えてくれました。

「口うるさい人もいるけれど、隣近所が離れているからなんともないです」

軽い口調で言いましたが、古いしきたりの残る地域で、女だてらに開業するにはそれなりの苦労もあったのだろうと推察しました。

生い茂る木々に囲まれた景色を眺めながら、三人で畑へ向かいました。

妻はすっかり早苗さんになついてしまい、私もそんな空気に心を和《なご》ませながら慣れない畑作業を楽しんでいました。

そのときは、まさか自分が年の離れた早苗さんにひどく魅了されることになるとは思ってもいませんでした。

夕食には採れ立ての野菜を使った田舎料理をいただき、食事のあとは夫婦で未来の計画を語り合いました。そのあと、妻はよほどくたびれたのか、いつになく早い時間に眠ってしまいました。

田舎の夜更けは早いものです。

あまりの静寂に、私はむしろなかなか寝つけず、酒でも飲もうと起き上がって荷物をかき混ぜました。

残念ながら酒の類《たぐい》は見つからず、そうかといって近所には自販機さえありません。そこで、早苗さんに分けてもらえないかと聞きにいくことにしたのです。

懐中電灯で照らしながら外に踏み出すと、昼間の熱気を冷ました土の匂いが、夜風とともに心地よく体にしみわたってきました。

中庭を挟んで建っている離れに近づいていくと、いちばん奥まった部屋から明かりが洩れていました。

よかった、起きているようだと胸をなでおろしてさらに近づくと、中から声が聞こえてきました。

明かりの洩れている部屋の窓が少し開いていたのです。

「化粧なんかしおって、また都会の男に色目を使うてたんか!」

昼間、ちらっと見かけた舅の声でした。

「そんなことありません。あぁ、お義父《とう》さん、待って、違いますって」

最初はなにかもめているのかな? なんて思ったのですが、しばらく様子をうかがううちに、彼女の声がなまめかしく変化してきたことに気づいたのです。好奇心を抑えきれずに、開いた窓のすき間からそっと中をのぞきました。

目に飛び込んできたのは、あおむけに寝そべって体をくねらせている早苗さんの姿でした。

脱げかかったブラウスからは乳房がこぼれ出していて、宙に浮いた生白い脚は大きく広げられていました。

「ようけ濡らして。お前はほんまにドスケベやのぉ」

早苗さんの脚の間には、舅のしわだらけのひたいが埋まっていました。舅は頭を振りながら、剝き出しになった彼女の陰部を舐め回しているようでした。

私は喉の渇きも忘れて、食い入るようにその光景を見つめていました。

「おとう……さん。だめ、いけません、アッ、アッ、ンアーッ！」

血が繋がっていないとはいえ、父娘の関係に違いありません。

早苗さんは拒絶するような言葉を発していましたが、その声は喜びに震えているようにも聞こえました。

そのあと、舅は早苗さんの体におおいかぶさると、股間を密着させながら腰を振りはじめました。

「わしのじゃ足らんか？　ほれ、どうや、ええやろ？　これが好きなんやろ！」

舅が動くたびに、はみ出している早苗さんの乳房が、ボニョン、ボニョンと弾むように揺れていました。

それを見ているうちに、私の下半身にも熱いものが込み上げてきてしまい、いつしか夢中でしごいていました。

舅は荒々しく腰を振りながら乳房に吸いつき、満足そうにつぶやきました。

「おおっ、今日はやけに絞まるやないか。はぁー、気持ちええ、たまらん!」

その言葉は、二人の関係が、その日に始まったことではないことを暗に物語っていました。

網戸越しで、はっきりとは見えなかったものの、早苗さんは顎を突き出しながらうっとりとした表情を浮かべているように見えました。

私は、その体つきに目を奪われていました。

五十代の女の裸を見るのは初めてでしたが、三十代の妻の健康美とはまるで違って、色気のかたまりのように見えたのです。

全体的にふっくらと丸みを帯《お》びていて、腰回りには柔らかそうな肉が折り重なっていました。脚を持ち上げられたまま体を丸めていたせいで、そのだぶつきが際立って見えたのです。

ゆるんだ肉体には、男のつけ入るすきをわざと与えているような貪欲《どんよく》さを感じ、男をすっぽり包み込む寛容《かんよう》さが溢れているように見えました。

昼間の清楚《せいそ》な雰囲気とはかけ離れた彼女の姿に衝撃を受けて、その光景は脳裏にしっかりと刻まれてしまいました。妻の存在さえなければ最後まで見とれていたことでしょう。

翌朝、顔を合わせた早苗さんは、何ごともなかったように清潔な割烹着を着て、前日と変わらずに私たちをもてなしてくれました。

女として意識した上でじっくり見てみると、なかなかの美人であることに気づきました。

きれいな水の中で暮らしているだけあって、肌艶のよさには目を引くものがありましたし、くっきりとした目鼻立ちや柔らかそうな唇は、薄化粧でも映《は》えていていました。

その日はずっと、早苗さんのことをいやらしい目で追ってしまいました。

妻に気づかれぬように、盛り上がった胸元や、大きく張り出している尻を眺めていたのです。

三人で、のどかな昼下がりを過ごしながら、そうしている間も舅は奥の離れで悶々《もんもん》と夜を待ちわびているのかと思うと、田舎の闇を感じてゾクッとしました。

たしかに、これほど何もない山奥に二人きりで暮らしていたら、おかしな関係になっても不思議ではないように思えました。

旅行を終えて家に戻っても、彼女のことが頭から離れず、何度も思い返してはオナニーにふけっていました。

妊娠が判明してからは夫婦生活もなくなっていたので妄想は止まらず、なおさら思いが募《つの》ってしまったのです。

そこで今回、今度は一人で彼女の元を訪れてみることにしたのです。

彼女と会って、どうこうしようと思っていたわけではありませんが、あわよくば、あの濡れ場を再びのぞき見できたらいいな、なんて期待していました。

身重の妻を気づかう振りで、「あの土地の冬の様子も知っておきたいんだ」と、それらしい理由をつけて納得してもらったのです。

宿を予約する際に妻が妊娠中であることを伝えると、早苗さんは我がことのように喜んでくれました。

そして当日、出迎えてくれた彼女は、まるで知人に再会したかのような人なつこい笑みを浮かべてくれました。

その笑顔にいやされつつも、この笑顔の裏であんなことを……と、目に焼きついた光景を回想せずにはいられませんでした。

今回は、農閑期《のうかんき》の土づくりや果実の収穫を手伝わせてもらいました。

二度目ということで、彼女もだいぶ打ち解けてくれている様子でした。

雪のない温暖な地域ですが、吹き抜ける風は都会に比べて非常に冷たく、温かな食事のもてなしが身にしみました。

夕食時、あらかじめ頼んでおいた熱燗《あつかん》が運ばれてきたとき、早苗さんに、一杯つきあってくださいと声をかけました。

彼女は「お酒、弱いんです」と一瞬迷った様子でしたが、生まれてくる赤ん坊のためにと言って乾杯してくれました。

弱いというのはほんとうらしく、飲んで間もなく頬を真っ赤に染めていました。しっかり者の早苗さんが、なんだか急にかわいらしく見えてきて、少し意地悪をしたくなりました。

「引き留めてしまったけど、ここにいたら、お義父さんが焼きもちを焼くかな」

わざとそう言って反応を見たくなったのです。

「義父は、この時間はいつも寝ています。私が忙しいのを知っていますから」

早苗さんは、まつ毛を伏せて視線をそらしたまま答えました。

「それならいいんですが。実は、この間来たときに偶然聞いてしまったもので」

飲んだ勢いで、つい口がすべってしまいました。

「化粧がどうとか、客に色目を使うなとか、叱られていましたよね？」

早苗さんは一瞬顔を曇らせましたが、「そんなことあったかしら」と、とぼけながらお猪口《ちょこ》を置き、立ち上がる素振《そぶ》りを見せました。

そのとき、彼女を引き留めたい一心で、のぞき見まで白状してしまったのです。

「のぞくつもりはなかったんです。用があって声をかけようとしたら、二人が抱き合っているのが見えてしまったんです」

彼女はハッと息を呑み、ひと呼吸おいてから居住まいを正しました。

「……お、お願いです、義父とのことは誰にも言わないでください！」

正座をして、何度も頭を下げました。

「このことが噂で知れたら、村にいられなくなってしまいます、お願いします」

私は、屈めている早苗さんの体を揺り起こしました。

「もちろん言いません。ただ、心配で……強要されてるんじゃないんですか?」

そう言うと、彼女はうつむいたまま、恥ずかしそうにつぶやきました。

「いいえ。最初はそうだったかもしれませんが……」

小声で言いながら、膝の上に置いた指先で、割烹着を握り締めていました。

「いつしか私のほうも、求めてしまうようになっていました」

すべて知られてしまったことを悟ったとたん、本音を語りはじめたのです。

彼女自身、その関係に苦しんでいて、懺悔《ざんげ》のつもりで私に話したくなったのかもしれません。

「体が無性《むしょう》に欲しがることがあるんです。夫の代わりに慰《なぐさ》めてもらいたくて」

それを聞いてたまらなくなり、思わず彼女の手をギュッと握り締めていました。

「それで、お義父さんが言っていたように、客に色目を使うんですか?」

そう言うと、彼女はほてった顔を上げて私のほうを見つめてきました。

「大事なお客様にそんなことはしません。でも、誘われたことはあります」

ちょっと鼻の利く男なら、彼女の醸《かも》す色気にすぐ気づいてしまうのでしょう。

「まさかその客と、やったんですか?　秘密にする代わりに教えてください」

自分で認めるほど性欲が強いのならば、あんな八十代の爺さんでは物足りないだろうと想像していました。

早苗さんはあいまいに首を振りました。

はっきりと否定しないところを見ると、舅の嫉妬《しっと》もあながち思い込みではなさそうだと思えました。

「じゃあ、ぼくが誘ったら、どうしますか?」

我ながら熟女相手に大胆だなと思いましたが、いろいろ聞いているうちに、のぞき見だけでは満足できなくなってしまったのです。

妻と離れてのひとり旅など、この先そうそうできるものではありません。この特別な時間を、もっと有意義に過ごしたいという欲もわいてきました。

「こんなオバサンからかわないでください。あんなにかわいい奥様がいるのに」

彼女はそう言ってうつむくと、落ち着かない様子で体を揺らしたり、座り直したりしていました。

私の誘いがいやならそこで引き揚げてしまうはずですが、まるで、次の展開を待っているような仕草でした。

ジリジリと彼女のほうに体を寄せていき、そっと抱きついていました。

早苗さんは一瞬力を込めましたが、抵抗する様子はありませんでした。背中をなで回すと、服の上からでも、丸い体の柔らかな温《ぬく》もりが伝わってきました。

頭の中で思い描いていたあこがれの体にふれると、ますます自制がきかなくなりました。

続き間には、すでに布団が敷かれていました。彼女の手をとり、そこに引っぱっていったのです。

「え、待ってください、あぁ、だめ」

弱々しく抵抗する彼女を、布団の上に押し倒していました。

冷気の侵入を防ぐために雨戸がぴっちり閉じられているので、夏よりさらに静かな夜でした。

ストーブの上のやかんがシュンシュン吹く音と、二人の荒い息づかいが耳に響いていました。

あおむけに寝た早苗さんにおおいかぶさり、割烹着の上から、こんもりと盛り上がった胸元をまさぐりました。

遠目で見たものよりもはるかにボリュームのある乳房は、手のひらに収まりきらないほどでした。

胸をもみながら鼻を埋めると、白檀《びゃくだん》の香のような匂いが鼻をかすめました。

亡くなったご主人の仏前に線香は欠かさないと言っていたのを思い出しました。

そんなけなげなことをしながら、その部屋で舅と交わっているのですから、なかなか強《したた》かな女性なのかもしれません。

割烹着の紐をほどき、ブラウスのボタンをはずしました。

「あ、ああっ、いや。こんな若い人に見られるの恥ずかしいわ」

本気で照れている様子でしたが、その顔にはうれしそうな笑みが薄っすら浮かんでいました。

だめと言いながら、催促《さいそく》するように胸を突き出すので、遠慮なく下着をはぎとりました。

下着の中から弾むように飛び出した乳房は、形こそ崩れていましたが、もんでみると指に吸いつくようななめらかな感触でした。

飛び出している乳首を舐め回していると、舌の上でコリッと硬くすぼまっていきました。

「ン、ンンッ……そこ、弱いんです、私、我慢できなくなっちゃう」

のぞき見したときと同じように、押し殺した声で喘ぎはじめていました。雨戸を閉めていても、その静けさの中では舅に聞かれないとも限りません。

どこからか、冷たいすき間風が入ってきましたが、早苗さんの体は湯たんぽのようにホカホカと温かく湿気を帯びていました。

よがりながらのけぞった首筋はゾクッとするほど白く、青い血管が透けて見えました。屋外作業の多い彼女は、顔だけ見ると薄っすら日焼けしているのに、体は別人のように白いのです。

昼間とのギャップが大きいのは、そのせいかもしれません。

乳房を舐め回しながら、柔らかな体の曲線をなで回していきました。

さらに、モンペのようなズボンの中に突っ込んでいくと、「アン！」とひと際甲《かん》高《だか》い声を出して体をよじりました。

「ここ、お義父さんに、舐めてもらっていましたよね？」

そう言いながら陰部をまさぐっていくと、指先に、ヌメッとした感触がありました。

パンティからにじみ出るほど、ぐっしょり濡れていたのです。

「こんなに感じやすいのに、あのお年寄りじゃ物足りないでしょう？」

そう言うと、「ウフン」と首をすくめて吐息を洩らしました。

「だから困っているんです。自分でもこの体を持て余しているんです」

彼女はそう言って、うるんだ瞳で私を見つめてきました。それこそが舅の心配していた色目なのでしょう。

そんな目で見つめられたら、男なら誰だってその気になってしまいます。

「じゃあ、いっぱい舐めてあげますよ。さあ、もっと脚を広げてください」

閉じていた膝の間に体をすべり込ませて、陰部に顔を近づけました。

手入れなど一度もしたことのなさそうな陰毛がもっさり生えていて、毛先にまで愛液が滴り、濡れた筆のように黒光りしていました。

それを両側にかき分けると、贅肉におおわれていた赤い亀裂が現れました。

先端の突起は小豆《あずき》のように赤くふくらんでいて、割れ目からは、トロトロした白い液が噴き出していました。

舌を伸ばしてその突起をべろんと舐め上げました。

すると彼女は腰を突き出しながら、あのときのように喘ぎはじめたのです。

「ウッ、アッハン！　すごいわ、感じちゃう、アァ、恥ずかしい、見ないで」

感度は相当いいらしく、ほんの少し舐めただけなのに、ゆるんだ贅肉が波打つほど激しく体を揺すっていました。

ムチムチした太腿をなで回しながら、なおも激しくクンニを続けていると、うなるような声をあげはじめました。

「イキそう、ああ、あと少し……お願い、やめないで」

太腿に挟まれて息苦しさを覚えながら舐めつづけていると、やがて彼女はブルブルと体をふるわせながら昇りつめたようでした。

最初に襲いかかったのは私のほうなのに、いつの間にかまんまと彼女のペースに乗せられていたのです。

「もう、いいんですか？　もう欲しくないんですか？」

息を弾ませている彼女に問いかけると、目尻に涙を溜めながら首を振りました。

「もっとください。まだ、全然足りないんです、アァ、いっしょにイキたいの」

自分の股間もいつになく激しく勃起していました。

ズボンを脱いで、勃起したものを引っぱり出すと、彼女の目つきが一気に変わりました。

「まぁ、すごい。こんなに立派なものを見たのは久しぶりです」

彼女は起き上がると、目を見開きながら私の股間に顔を寄せてきました。

「そう、こういう硬いのが欲しかったんです。夫を思い出します」

彼女はうっとり見つめながら、勃起したものを大事そうに握り締めてきました。

そうしてそのまま、口の中に呑み込んでくれたのです。

きりっと結んであった髪が次第にほつれていき、それをかき上げながら勢いよく頭を振っていました。

料理をしているときの、控えめな女性とは別人のようでした。

私は何度もイキそうになって腰を引きましたが、彼女はなかなか止めようとはしませんでした。

「待って、出てしまいそうになる……早苗さんも疲れてしまうよ」

そう言うと、ウフッと笑って答えました。

「大丈夫です。義父には、一晩中舐めさせられることもあるんですよ」

高齢になるとそう簡単にはいかないだろうし、勃起も持続しないのだろうなと
そのとき初めて気づきました。

彼女の優しさをあらためて知り、つい甘えてみたくなりました。

「ぼくは、そろそろあなたの中に入れてみたいな」

すると彼女は、悦びをかみ殺したような表情を浮かべました。その顔を見て、
私はさらに調子に乗ってしまい、わがままなお願いをしていました。

「あの……裸の上に割烹着を着けてもらえませんか？」

引かれてしまうかなと思いましたが、彼女は快《こころよ》く、しかもそれを楽しむかのよ
うに割烹着を身につけてくれました。

「すごくいい。やっぱり似合いますね。そのまま上に乗ってもらえませんか」

そう言ってあおむけに寝そべると、彼女はゆっくり跨《また》がってきてくれました。

「重たくないかしら？　アンッ、硬い棒が当たるわっ」

白い割烹着には、大きな乳首が透けて見えました。その姿を下から眺めつつ、
むっちりとした彼女の腰を引き寄せて陰部に股間を突き立てました。

「今日はぼくの硬いやつで、思いきり感じてください」

そう言うと、彼女は私のものをしっかりつかんで自分の亀裂に押し当てながら腰を沈めてきました。

ぐっしょり濡れた肉布団にめり込んでいく感触を味わいながら、割烹着の上から乳房をもみしだきました。

「アッハン！　すごいわ、奥まで届いています。すごくいいわ、ウーン」

最初は遠慮がちに動いていた彼女は、しだいに声を荒げながら激しく腰を回転させはじめました。

「また、イってしまいそう！　アアッ、子宮が沸騰しているみたい」

ゴムなど持ってきていなかったことに気づいて、あわてて彼女に問いました。

すると彼女はさらに動きを速めたのです。

「中にいっぱいください！　一緒にイキたいの。だめよ、抜かないで！」

我慢できずに言われるまま、早苗さんの中に思いきり射精していました。

あのあと離れに戻った彼女は、また舅の相手をしたのかもしれません。

春になったら子どもが生まれる前に、再び一人で会いに行くつもりです。

# 登山道で遭難しかけた天然熟妻と遭遇　救助のお礼は蕩けるような甘蜜マ◯コ！

前川博文　会社員・四十四歳

私は山登りが趣味で、これまでいろんな山に登ってきました。主に車で日帰りができる山に行っていますが、ときには遠出もします。その際は山登りをしたあとに一泊し、休養十分で帰るようにしています。

先日私が行ったのは、中部地方の標高千五百メートルほどの山です。頂上まで険しい道が続きますが、安全ルートが確立されているので危険は多くありません。

現地に着いてホテルに荷物を預け、さっそく目的の山へ向かいました。秋が深まって気温も低くなっており、防寒対策もしっかりしてあります。

登りはじめてしばらくすると、周囲は深い木々に囲まれ足場も悪くなってきました。ルートをはずれないように気をつけて進んでいると、おやっと思う光景に出くわしました。

遠方に一人の女性の姿が見えるのです。ルートからかなりはずれているし、キョロキョロと周囲を見渡し落ち着かない様子です。

もしや道に迷っているのではないかと思い、私は大声で女性を呼んでみました。するとも彼女はこちらを振り向き、その場にへたり込んでしまいました。

私があわてて駆け寄ると、彼女は涙ぐみながらすがりついてきたのです。

「ああ、よかった。ずっと道に迷って歩きつづけていたんです。遭難するかと思いました」

どうやら彼女は私に発見され、安心してへたり込んでしまったようです。

見たところ四十歳ぐらいで、山登り初心者のようです。軽装で防寒対策もろくにしていないようなので、あのまま発見されなければたいへんなことになっていたでしょう。

ひとまず彼女を登山ルートまで案内すると、「私はこれで下山します。ほんとうにありがとうございました」と礼を言って去ってしまいました。

無事に帰れるか不安でしたが、足どりはしっかりしているので私は彼女を見送ることにしました。

そのまま登山を続け、山頂まで無事に到着。秋晴れの雄大な景色は別格でした。

そして日が暮れる前に下山し、ホテルへ戻ったときでした。なんと先ほどの女性をロビーで偶然に発見したのです。

「あれ！　山で声をかけていただいた方ですよね？」

「なんだ。同じホテルだったんですか」

私たちは再会を驚きつつ、彼女が無事に帰れたことがわかって安心しました。

「先ほどは助けていただいたのに、十分なお礼もできずに申しわけありませんでした。その埋め合わせといってはなんですが、これからいっしょにお酒でもどうですか？」

そう彼女から誘ってきたので、私は喜んでおつきあいさせてもらうことにしました。

ホテルにはバーがあり、そこで二人でお酒を飲みながらいろんな話をしました。

彼女の名前は美優《みゆう》さん。四十二歳の既婚者で、山登りに興味を持ったのはつい最近のことだそうです。

最初は旦那さんもいっしょに登ってくれたものの、すぐに飽きて誘いに乗ってくれなくなり、いまは一人で登山をしているのだとか。

山の中では気がつかなかったのですが、よく見ればなかなかの美人です。体つきは引き締まっているのに出るところは出て、スタイルもよさそうです。

しかも私に恩義を感じているせいか、話している最中にやたらチラチラと色目を使ってくるのです。

それが気のせいではないのは、会話の内容からもわかりました。

「なんか最近、夫が冷たくなってきたんですよね。あっちのほうも元気がなくなってさっぱりだし。私はまだまだ平気なんですけど……」

お酒が回って愚痴っぽくなったかと思えば、欲求不満であることも匂わせてきました。

まぁ私も家庭を持つ身ではありますが、ここは妻の目が届かない場所です。ちょっとした出来心を抱いてしまうのも、無理はない話でしょう。

しばらくすると、彼女は立ち上がれないほど酔いつぶれてしまいました。

「すみません。かなり酔っちゃったみたいで……部屋まで送ってもらえませんか？」

「わかりました。部屋はどこですか？」

私が肩を貸すと、彼女はふらつく足どりで歩きはじめました。

彼女の体からはほのかな甘い匂いがし、私に寄り添いながらさりげなく胸を押しつけてきます。

いかにもなアピールに、私もムラムラした気持ちを抑えきれなくなりました。

とはいえまだ部屋にたどり着く前です。いくらなんでも気が早すぎると思い、体を支えながら我慢をしました。

ようやく彼女の部屋に到着し、鍵を開けて中に入ったときでした。

それまで自力では歩けなかった彼女が突然、私に抱きついてきたのです。

「ンムッ……！」

いきなり唇をふさがれ、思わずうめき声を出しました。

強引なキスに私がとまどっていると、彼女は私に抱きついたまま耳元でささやいてきます。

「ほんとうのお礼はこっちです。私の体を十分に味わってください」

お酒の匂いのする息で、色っぽく迫ってきたのです。

まさかここまで積極的だとは思ってもいませんでした。いくら酔っていたとはいえ、あまりの豹変ぶりに驚いてしまったのです。

いったんは唇を離した彼女でしたが、今度はさらに強引に唇を重ねると、舌をねじ込んできました。

私はおとなしく突っ立ったまま、彼女のキスを受け入れるしかありません。激しく唇に吸いつかれて舌で口の中をかき回され、次第にうっとりとした気持ちになってきました。

ようやくキスから解放されると、私はすっかり興奮して勃起していました。

「ふふっ……もう硬くなってるじゃないですか」

彼女も私の股間に体を押し当てて気づいていたようです。

ここまでされれば、私も黙っているわけにはいきません。抱きつかれたついでに腰に手を回し、ちゃっかり胸もさわっていました。

そうして彼女の体を愛撫して楽しんでいると、すでに彼女は服を脱ぎはじめていました。

まずはシャツを脱ぎ、肌着もためらわずに脱ぎ捨てました。パンツにも手をかけてあっという間に下着姿です。

山登りのために用意してきたのか、上下お揃いのスポーツタイプの下着でした。恥じらいも見せずに、堂々と私に見せつけてきます。

「ごめんなさい、こんな色気のない下着で。まさか山登りに来てセックスをするなんて思わなくて、準備してなかったんです」

そうは言うものの、私の目にはなかなか色気があるように見えました。人妻の成熟した体つきでありながら、見事に引き締まっていてメリハリがあるからです。

「すごくきれいなスタイルですね」

お世辞ではなくそうほめてみせると、彼女はとてもうれしそうにしていました。

「昔はもっとぽっちゃりしてたんですけど、山登りをしてだんだんやせてきたんです。なのに夫は一言もほめてくれないから、もう悔しくって」

上機嫌になった彼女は、ブラをはずして胸を見せてくれました。

こちらも形のととのった見事なふくらみです。ぽってりととがった乳首が乳輪から突き出していました。

こうなれば私も脱がないわけにはいきません。急いで服を脱ぎ、先に全裸になってみせました。

「やだ、すごい」

勃起したペニスを目にした彼女は、驚きの眼差しでまじまじと見つめています。

それほど大きさに自信はないのですが、まだまだ私は現役です。おそらく元気がなくなったという旦那さんと比べているのではないでしょうか。

「じゃあ、あっちに場所を移しましょうか」

ひとまずは横になれるベッドへ彼女を誘いました。

彼女は待ってましたとばかりに、先にベッドに横になります。私もそれを追いかけて上におおいかぶさり、胸に顔を埋めました。

「あんっ……」

まずは乳首を口に含むと、彼女が甘い声を小さく出しました。

乳輪ごと舐め回して舌で転がし、吸い上げます。乳首のサイズが大きいので、実に舐めごたえがありました。

するとと彼女はベッドの上で、とても気持ちよさそうに息を喘がせながら、身悶えをしているのです。

「ああっ、んっ……ああんっ」

それが演技ではないのが、乳首の反応でわかりました。勃起して大きさも硬さもはっきり変化しているのです。

「ずいぶん、ここが感じやすいみたいですね」

「はい、久しぶりなので……なんだか体じゅうが熱くなってるみたいなんです」

どうやら欲求不満の体に火をつけてしまったようでした。乳首を愛撫している最中から、足を絡めて股間をこすりつけるようにして誘っています。

いよいよ下半身に手をすべらせてみると、それだけで彼女の期待は高まっているようでした。

驚いたのはショーツの上に指を置いたときです。そこは指先にも伝わるほどにじっとりと熱く湿っていたのです。

指を股間に沿って動かすと、彼女の体がぴくんと反応しました。

「ひっ、ううっ」

何度も指を這わせているうちに、じれったそうに腰をくねらせながら、こうおねだりをしてきました。

「お願いです。早く、指を中に……」

私はすぐさまショーツの奥に指をもぐり込ませました。

そこは溢れ出た愛液でぬめぬめとした沼地のようでした。陰毛をかき分けてさらに奥へ指を進めると、濡れた谷間が口を開いていました。

ぬるりと指先をもぐらせたとたんに、彼女の手が強く私の腕を握り締めました。

膣の中もたっぷり濡れています。私の指は根元まで愛液まみれになりました。

もともと濡れやすい体質なのか、それとも興奮しすぎてこうなってしまったのでしょうか。どちらにしても、彼女が相当淫乱なのはまちがいありません。

私が指を抜き差しするたびに、彼女は「ひっ、ああっ」と喘ぎ声をあげつづけています。

しばらく股間を刺激してから、ひとまずは指を引き抜きました。そのまま最後に残っていたびしょ濡れのショーツも脱がせました。

露《あらわ》になった彼女の股間は、想像以上に淫らな形をしていました。

陰毛はおそらくまったく手入れがされていません。濃く広がった毛の下には、腫れぼったい割れ目が開ききっていました。

体つきの美しさに比べれば、この部分だけが別人のようないやらしさです。指を入れていた穴も、愛液垂れ流しのままヒクついていました。

じっと股間を眺めていると、彼女が私に向かってもどかしそうに視線を送ってきました。

脱がされるだけで何もされないのは、さすがにじれったかったようです。それならばと今度は指を使うのではなく、股間を舐めてやることにしました。

「あっ、ああっ、そこ……気持ちいいっ！」

舌を這わせてみて特に敏感だったのがクリトリスです。舌先でなぞるたびに、甲高い声が途切れることなく聞こえてきました。

そうした彼女の反応を見ていると、ふだんからベッドでは自分が抑えられないタイプなのでしょう。喘いでいる声も身悶えする仕草も、快感で我を失っているように見えます。

たっぷりと舐めてやったところで、今度は私が彼女の顔にペニスを近づけてやりました。

喘ぎ疲れてぐったりとなっていた彼女でしたが、ペニスを見るとたんに表情を変えました。私がまだ何も言っていないのに、自ら顔を寄せて口に含んでしまったのです。

「おおっ」

唐突にはじまったフェラチオに、私は思わず声をあげてしまいました。

私も長い夫婦生活で、妻にこういうことをしてもらったのは一度や二度ではありません。しかし慣れてくると、どうしても刺激が薄れてくるものです。

ところが彼女のおしゃぶりを体験したとたんに、これほどまでに気持ちいいものかと驚いてしまいました。

唇でペニスの根元を締めつけながら、強く吸いついてきます。舌が巧《たく》みに口の中を動き回り、至るところを舐めてくれました。

しかも彼女は私の腰を両手でつかんだまま、離れないように顔を上下に揺すりはじめました。

私はしばらくの間、夢見心地で快感にひたりきっていました。

考えてもみれば、相手は山で偶然に出会っただけの女性です。いくら危ないところを助けたとはいえ、こんなことまでしてもらえるなんて、幸運としか言いようがありません。

そんなことを思っているうちに、彼女の唇の動きはいちだんと激しくなりました。

快感が股間からどんどん流れ込んできます。私が若ければ、とっくに口の中で果てていたかもしれません。

「もうそろそろ、いいですよ」

なおもおしゃぶりを続けようとする彼女に私は言いました。

このままだと持ちこたえるのが無理そうだったので、口の動きが止まってホッとしました。

ゆっくりとペニスを吐き出した彼女は、なんともいやらしい表情をしています。唇を唾液で濡らしたまま、何かを言いたげに私を見上げていました。

私も彼女が求めていることを察し、すぐに抱くための準備にとりかかりました。

しかしここはラブホテルではないし、ベッドにコンドームの備えつけなどありません。いざというときになって、ようやくそのことに気づいたのです。

「いいですよ、何もつけなくても……せっかくですから生でかまいません」

私が迷っているのを見て、彼女からそう言ってくれたのです。

となれば、私も言葉に甘えさせてもらうしかありません。人妻を相手に生でセックスをできるなんて、かなりのスリルと罪悪感がありましたが、興奮のほうが上回っていました。

さっそく正常位になって腰を押しつけ、ペニスを挿入します。

亀頭をくぐらせると、入り口からグッと締めつけが襲ってきました。

「ああっ!」

上から腰を密着させた私に、彼女がのけぞりながらしがみついてきます。

膣の中はとろとろに熱く、締まり具合も申し分ありません。ついでによく濡れているので、これ以上ないぐらいの気持ちよさです。

まずは軽く腰を振ると、彼女もすぐに反応を見せてくれました。

「あっ、あっ……はぁんっ! ああっ!」

どうやら力強く腰を押しつけられたほうが感じやすいようです。

そこで何度か浅い抜き差しを繰り返しながら、ここぞというときにペニスを強く一突きしてやりました。

「ひいっ！　それ……もっと！」

深い場所をえぐられるたびに、彼女の悲鳴混じりの声も大きくなりました。

こんなにも淫らな人妻を抱けることに、私は大いに張り切っていました。

「ほらほら、どうです？」

「いいっ、こんなにいいの初めてっ！　おかしくなりそう！」

私もつい彼女の声に夢中になり、若いころに戻ったように激しく腰を振りつづけました。

さらにしばらくすると、彼女は突然「イクウッ」と叫んで動かなくなりました。

どうやら絶頂に達したらしく、体の力が抜けてぐったりとなっています。股間は潮を噴いたかのように、一帯が生温かく濡れていました。

私もそろそろ終わりが近づいてきました。生で挿入しているのでかなり気をつけていましたが、もう我慢できそうにありません。

最後はどこに出そうか、私が腰を振りながら迷っていると、彼女が下から私を見上げて強く腕をつかみました。

「出して、中に……そのまま出してっ！」

彼女の言葉で一瞬、腰が止まりかけましたが、スピードをゆるめませんでした。こうなればよけいなことを考えず、中に出してやろうと覚悟を決めたのです。私はより腰の動きを速め、膣の奥深くでペニスを押し止めました。

「ううっ！」

声をあげると快感に流されるまま、一気に射精してしまったのです。

やわらかな締めつけを感じながらの発射は最高の気分でした。抱いている彼女の体のクッションも心地よく、射精後もしばらくペニスを抜けずにいました。

もちろん私は大満足です。助けたお返しもたっぷりしてもらえたので、そろそろ自分の部屋に戻ろうかと思いました。

ところが私がベッドから離れようとすると、背中から彼女に抱きつかれ、強引に引き戻されてしまったのです。

「一度だけなんて、水くさいこと言わないでください。せっかく助けていただいたんですから、何度でも楽しんでもらわないと……」

このときようやく私も気づきました。彼女はお礼を口実に、気がすむまでセックスをつもりのようです。

結局、この晩は山登りをした体を休めるどころではありませんでした。ヘトヘトになるまで彼女に離してもらえなかったのです。

こうした出会いを経て、現在の私たちは山登りのよきパートナーとなりました。一どこかの山へ行くときにはお互いに誘い合い、二人で登山旅をしています。一人よりも二人のほうが充実するし、万が一の場合も支え合うことができます。

そして登山が終われば、もちろんセックスが待っています。彼女の性欲につきあうのはたいへんですが、いまでは山登りが楽しみでなりません。

# 第二章

# 田舎で解き放たれる人間の卑猥な本性

# 畦道で走り回るド田舎の軽トラ熟女……童貞ペニスを呑み込むワイルド生姦！

枝野優斗　会社員・三十歳

変わった趣味とよく言われます。私は田舎の畦道《あぜみち》を歩くのがたまらなく好きなのです。全国津々浦々《つつうらうら》、鄙《ひな》びた駅を降りて、田んぼの所有者に許可をもらってから、田と田の間の細い道をテクテク歩くのが、大学時代の唯一の趣味でした。

親からもらった健脚と頑健な体で、何十キロ歩くのも苦痛ではありませんでした。歩いているうちに日が暮れて途方に暮れ、野宿するのも一興というむだなタフさも持っていました。

そんな学生時代のある晩秋、畦道が切れ、薄くアスファルト塗装された頼りない車道を歩いていたときでした。

寒さには強かったのですが、見渡す限りさえぎるもののない田んぼが続いていたので、さすがに風がこたえはじめていました。これで野宿はキツイなと思ったとき、後ろから無遠慮な短いクラクションが鳴りました。

「あんた、誰？　こんなとこでなにしとん？」

白い軽トラが現れ、運転席から女性が片肘を乗り出して聞いてきました。

美人でしたが言葉には当然なまりがあり、顔には警戒心が浮かんでいました。

私はいつもどおりの言いわけじみた趣味の説明をしたものの、自分の声が寒さにちょっと震えていました。

「はえー、変な趣味やな」

三十代後半に見える田舎の美人はぶしつけに言い、私を上から下まで見つめました。

「これからどうするん？　この辺、気の利いたホテルとか宿とかないで？」

どうにもならなければ野宿すると言うと、女性は大声を出しました。

「アホか！　夜明けまでに死ぬわ。乗り！」

私はあたふたと狭い軽トラの助手席に乗りました。農機具とオイルと土くれの匂いが充満していましたが、温かさにホッとしたものでした。

「今年いちばんの変な拾いもんや」

出力の不十分な軽トラのアクセルを、女性はグイグイと踏み込んでいました。

「ありがとうございます。近くの旅館までどのぐらいありますか?」

おそるおそる聞いたのですが、狭いキャビンでまたおばさんは大声を出しました。

「ないっちゅーとるやろが。しゃーないからウチへ向かうんや」

耳を疑いました。この女性は自分の家に私を泊めてくれるというのです。

「ただし、女のひとり暮らしやさかい、玄関で寝るんやで。家には上げんからな。外で寝るよりマシやろ」

美人なのに、ずいぶん下品な声でガハハと笑いました。

女性は先年にご亭主を病気で亡くし、一人娘は東京の大学でひとり暮らしをしているとのことでした。

私は運転席の女性をちらりと見ました。ベージュのブラウスに赤いスカートです。言葉づかいは乱暴でしたが、野良仕事をしているようには見えませんでした。

「ああ、いま農家の寄り合いに行ってきたんや。これ一張羅《いっちょうら》や。ホンマ、セクハラのおっさんばっかで困るわ」

私の視線から疑問を読みとったのか、女性は聞いてもいないのにそう答えました。モンペに似た野良着でなかったのをちょっと意外に思ったのです。

たどたどしく自己紹介すると、女性も上野良枝《うえのよしえ》と名乗ってくれました。

数分で良枝さんの家に着きました。

玄関を入り、すたすたと廊下を進む良枝さんの背中を見つめていました。

「なにしとん？　上がりや」

「玄関で寝ろと言ったじゃないですか」ともごもご言うと、良枝さんはわかりやすい失笑を浮かべました。

「あんなもん本気にしとんか？　犬や猫やあるまいし、鬼か私は」

「洗面台で手ェ洗ってうがいせぇ」ときつい口調で言われました。田舎の家屋らしい光量の少ない陰気な洗面台でした。

広めの和室に、昭和のドラマのようなちゃぶ台があり、良枝さんは手際よく料理を用意してくれました。

「あの、手伝うことはありますか？」

「ない。その気があったら、あとで風呂で私の背中流してぇな」

良枝さんは言い、おっさんのような笑い声をあげました。美人が台なしです。

ちゃぶ台で向かい合って食事をし、私は生まれて初めてどぶろくというものを口にしました。甘くてくどい口当たりをいまも舌が覚えています。

「農家の寄り合いのおっさんら、もろに私の尻とか胸にさわってきよんねんで」

食事が始まると、近隣の農家の人たちのセクハラについて、良枝さんは細かい説明を加えながら愚痴ってきました。

「モロにこんなことしよんねん」

良枝さんは食事中に自分の胸を張り出し、片手でわしづかみにしました。

二十一歳でまだ童貞だった私は、行儀の悪さ以上の感情を抱いてしまいました。

食事が始まってすぐ、良枝さんはブラウスの胸元のボタンを一つはずしていました。脚は女座りをさらに崩しただらしない格好になっていました。さらにお酒が回ったのか、赤い顔で次第にろれつが回らなくなっていました。

「良枝さん、大丈夫ですか?」

「ああ、ごめん、家でこんなしゃべったん久しぶりやから」

食事を終えると、私は食器を台所に持っていきました。

「ありがと。流しに突っ込んどいて。あとで洗うわ」

すっかり出来上がった良枝さんは、そのままちゃぶ台に突っ伏していびきをかきはじめました。

「良枝さん、そんなとこで寝たらかぜひきますよ」

そっと肩にふれ、小さく呼びかけました。

いまならちょっとイタズラしてもバレないかも、と思ったのを覚えています。

「ん、布団敷いて。そこ」

押入れをいい加減に指差しました。言われるままに布団を敷きました。

「さあ、布団で横になりましょう。着がえはいいんですか?」

多少の下心を含めて聞いたのですが、不確かな声のまま、意外なことを言ってきました。

「あとで着がえさして。布団まで連れてってぇな。動けんわ」

私は良枝さんの背後に回り、両脇をつかんで引き起こしました。赤いスカートがめくれ上がり、白いふとももの大半が見えてしまいました。

このまま引きずるのもどうかと思った私は、思いきった行動をとりました。

「良枝さん、ちょっと失礼します」

かがみこんだ私は、そのまま良枝さんをお姫様抱っこしたのです。

童貞大学生だった私が生まれて初めて試みたお姫様抱っこは、田舎の未亡人だったのです。

初めてだったので、スカートごと抱くという気づかいはありませんでした。ある角度から見るとパンモロだったでしょう。

良枝さんをそっと布団に置くと、私は掛け布団を被せる前に、ちょっとだけ赤いスカートのすそをつまみました。

「照明はつけときますよ」

小声で言って注意をそらしながら、私は少しだけスカートをめくりました。

美しいレースの施された白いビキニパンティでした。美人なので似合っているのですが、言葉づかいがちょっとアレだったので少し意外に思いました。

「優斗《ゆうと》君、ごめん、ちょっとウトウトするよって、一人でやってて」

つぶやいたのでギョッとしました。やってて、というのは一人でどぶろくを飲んでおけという意味だと気づくのにかなり時間がかかってしまいました。

お酒にあまり興味はなかったので、きょろきょろと所在なく部屋を見渡しました。古くさい調度品に土産物《みやげもの》らしいこけしや小物が飾ってありました。

立ち上がってそれらを見ていると、奥のほうに妙なものを見つけました。

なんと、大型のペニスを模したバイブレーターだったのです。

思わず振り返りましたが、良枝さんはかわいらしいいびきをかいていました。

頭の回転がいいほうではないのに、ある推測が浮かびました。

良枝さんは農家の寄り合いでセクハラにウンザリしているふりをして、案外楽しんでいるのではないかと。そして、帰宅後、そのモヤモヤを解消するために、こんなものを使っているのではないかと。そう考えたのです。

ドキドキしていると、良枝さんが大きな息をつき、目を開けました。時間にして二十分ほどたったころでしょうか。

「ごめんな、優斗君。客人をほったらかして寝てもうたわ」

私は良枝さんに近づき、気になっていた別のことを聞きました。

「あの、ぼくはどこの布団を使わせてもらえばいいんですか?」

押入れの中に布団はひと組しかなかったのです。

「ないわ、そんなもん。これだけやで。いっしょに寝るんや。いやか?」

冗談とも本気ともつかない笑みで、良枝さんは言いました。

「いえ、ぼくはお邪魔してるんだし、良枝さんさえ迷惑でなければ……」

喉をゴクリと鳴らし、私は答えました。

「ほなここへ入り。あ、待ち。布団にブラウスとスカートはやっぱり窮屈やわ。先に脱がしてくれるか」

今度こそ冗談ではすみません。さすがに返答に詰まりました。

良枝さんは赤い顔にいたずらっぽい笑みを浮かべました。

「さっき、私のスカートめくったやろ? 怒らへんから言うてみ」

ごまかしはむだだと思い白状しました。

「はい……見ました。ごめんなさい」

「あんな寄り合いのジジイどもより、あんたに見られたほうがマシや」

そう言って良枝さんは、少女のように「うふふ」と笑いました。

「待ち。あんたも服脱ぎ。田んぼ歩き回った服で布団に入られたらいややわ」

言われるまま、ズボンとシャツを脱ぎ、肌着だけになりました。

布団に入り、横寝の姿勢のまま向かい合いました。もう心臓がバクバクしていました。

「あの、寄り合いの農家の人たちに、こんなことをされたんですよね」

私は裏返りそうな声で言うと、手のひらを広げてブラウスの上から良枝さんの胸にふれました。良枝さんは抵抗しませんでした。

「そや……そんな優しいさわり方やないで。もっとわしづかみにしよんねん」

酒くさい湿った吐息が私の顔にかかりました。

女性の乳房にふれるのは初めてです。本人公認で痴漢をしている気分になり、ほとんど息も上がっていました。

「じゃあ、ブラウスとスカート、脱がします……」

ブラウスのボタンをはずし、脱がせました。良枝さんは悩ましく肩をすくめて協力してくれました。白いレーシーなブラジャーが現れました。

「スカートのホックの位置、わかるか？　寝てるから脱がしにくいやろ」

お尻に両手を回し、すべらせるようにしてスカートを脱がしました。

私自身も、アンダーシャツとブリーフをもぞもぞと脱ぎました。

「うふふふ、優斗君、童貞やろ？　目が必死や」

「……からかわないでください」

ちょっと悔しかったものの、あとから気づいたのですが、同年代の女性に言われるより屈辱感はずっと小さかったと思います。

良枝さんに抱きつき、背中のブラジャーのホックもはずしました。

「ああ、良枝さんのおっぱい……」

文字どおり、白い乳房にむしゃぶりつきました。

「あああ、久しぶりやわぁ……」

良枝さんは幸せそうにつぶやきました。

「良枝さん、こんなこと、寄り合いの人たちには？」

「させへんわ。もったいない。どうせあいつら、フニャチンやし」

パンティも脱がせようとすると、良枝さんは私の手を制しました。

「待って。あんたのん、見せて」

良枝さんはずるずるとしゃがみ込み、私のペニスをつかみました。

「うふふふ、ええもん持ってるやん。あああ、硬い……」

ペニスを無遠慮につかまれ、情けない声が洩れてしまいました。

「すごい匂い……ちょっと舐めさせてな」

ペニスの先が、生ぬるいものに包まれ、経験のない感覚が性器を襲いました。

「ああ、おいしい……若い子はええわぁ」

良枝さんはパンティ一枚で両手で私のペニスをつかみ、ピチャピチャと行儀の悪い音を立ててペニスを舐めはじめました。

「待ってください。次は、良枝さんのを……」

このまま射精してしまうのはもったいないと思い、あわてて言いました。

半身を起こすと、あおむけにさせた良枝さんのパンティの腰ゴムに手をかけました。ゆっくり引きおろすと、薄めの恥毛が現れました。

「もっとよく見せてください」

両足を大きく広げさせました。

「あん、恥ずかしいやん……」

性器に顔を近づけると、嗅いだことのない淫らな匂いがただよっていました。

私は万感の思いを込め、良枝さんの女性器に口をつけました。

「ああんっ！　あかんてぇ。まだお風呂にも入ってないのに……」

強気な口調の良枝さんから洩れる羞恥心《しゅうちしん》に、「萌え」を覚えたものです。

気のすむまで舐めると、ずるずると体を上げ、上下で見つめ合いました。

「良枝さん、入れてもいいですか？」

「やり方知っとんの？」

思わぬ返しに言葉が詰まっていると、良枝さんは優しく微笑みました。

「おばちゃんに任しとき。こうやって……」

良枝さんは私を見つめたままペニスをつかみ、切っ先を自分の性器に導いてくれたのです。

「わかるか。これが、女の入り口や。ぬくいやろ？　ゆっくり入ってき……」

腹筋に力を入れ、ペニスを膣道に押し込んでいきました。

年配美人の余裕の笑みが消え、顎を出して目を閉じました。

「ああ、来てる。やっぱり本物はちがうわぁ……」

バイブのことでしょう。口をすべらせたのは聞き流すことにしました。

「良枝さんっ、ぼくも、気持ちいいっ！」

奥歯を嚙みしめながら、私も叫んでいました。自慰しか知らず、性愛のパートナーがずっと右手だったペニスが、初めて女性器に包まれているのです。

ペニスが良枝さんの最奥を突いたとき、私たちは上下で見つめ合いました。

「初めてやのに、こんなおばちゃんでごめんな」

えらくすまなさそうに言ったので、こちらが申しわけなくなりました。

「とんでもない。最高です。良枝さん、美人だし……」

「うふふ、うまいこと言うて」

照れくさそうに良枝さんは笑い、顔をそむけました。

同い年の友人の中には、童貞喪失をあせり、風俗で散らしたやつがいました。

そんなやつよりもずっと幸運だったといまでも思っています。

「どうやったらええか、わかるか？」

「わかります……ピストン運動」

良枝さんは腹を揺らして笑いました。

「言葉だけは知っとんねんな。頭でっかち」

ちょっと傷つきましたが、口が悪いだけで悪意がないのはわかりました。AVで見たとおりに、ゆっくりとペニスの出し入れを始めました

「ああ……ほんま、ええわあ」

良枝さんは顎を出してうっとりと目を閉じました。

本能的な動きで往復運動を速めていきました。

「良枝さんっ！　ぼくも、すごく気持ちいいっ！」

自分自身の動きに声が割れていました。

「ああっ、久しぶりっ！　こっ……これやん、この感覚っ！　あああっ……」

良枝さんもなまりの強い口調で高い声をあげました。

射精の予感が走ったのですが、良枝さんから待ったがかかりました。

「ちょ、ちょい待ち。止めて……」

意図がわかりませんでしたが、不本意ながら動きを止めました。

「抜いて。後ろから、やろ……」

良枝さんは自分から腰を引き、かなり無遠慮にペニスを抜きました。

そうしてクルリとひっくり返り、うつ伏せになりました。そのままお尻を高く

上げてきたのです。

「後ろから入れて。エロビデオで知ってるやろ？」

不十分な照明の下で、逆向きのハートのような白いお尻に両手を置きました。その温かさがいまも手のひらに強く印象に残っています。

「良枝さん、お尻の穴も、美人ですね」

「あほ。そんなとこ見んでぇえ」

身も蓋もない返しをされましたが、良枝さんの口調には若干の恥ずかしさがこもっていました。

「まちごうたらあかんで。お尻ちゃうからな」

あわてたように良枝さんはつけ加えました。

完全勃起したペニスを下に向け、良枝さんの性器にあてがいました。そのままゆっくりと突き刺していきました。

「んぐっ……これっ、こっちのほうが、ええ……」

良枝さんは押しつぶしたような歓喜の声を洩らしました。

私も同じでした。正常位とは異なる強い圧迫感に、挿入と同時に射精の予感が走ったのです。

奥まで貫いてから、出し入れを始めました。

良枝さんの淫らなお汁で、ペニスはぬらぬらと光っていました。

お尻をガッチリつかみ、次第にピストン運動を速めていきました。

「あああ、あんた、最高や！　一年前のうちの旦那よりも、ずっと硬い……！」

良枝さんは感極まった声をあげました。人生最初のセックスでほめられ、すごくうれしかったのを覚えています。

「良枝さん、チ〇ポが、すごく熱くなってますっ！」

「わっ……私もやっ！　焼け火箸を突っ込まれてるみたいやっ！」

こんなクラシックな例えをほんとうにするんだと思ったものです、歯の根を食いしばり、私はむだに腹筋まで割らせていました。

「良枝さん、でっ、出そうですっ！」

「来てっ、ぎょうさん出してやっ！」

強いなまりで良枝さんが叫んだとき、射精が起きました。

「んあっ！　出るっ……！」

万感の思いを込め、良枝さんの膣奥に激しく射精しました。

「あぁっ！　熱いの、来てるっ！　ああぁあっ！」

良枝さんも高い声で叫びました。強気な性格なのに、叫び声は凌辱もののAV女優のような、悲鳴に近い声でした、
抜き去ると、良枝さんの隣に横たわりました。息を荒げたまま、私たちは見つめ合いました。

「あああ、やっぱり若い子は、すごいわあ……」

信じられないことに、良枝さんの目には涙が光っていました。

「うふ、あんた、私の愛人にならへんか？　お手当は出せんけど、田舎の夕食ぐらいは出すで」

「喜んで」

そう言うと良枝さんは、私の頬をそっとなでてくれました。

結局、良枝さんの娘さんが結婚し、夫婦で地元に帰るまで、私たちは十年近く、ド田舎で愛人関係を続けていました。

# アスリートの肉体に惹かれる三十路仲居
# 猛々しい牡棒で久しぶりの連続アクメ!

辻畑優美子　仲居・三十八歳

私は三十歳のときに離婚し、小学生の息子と暮らしながら北陸の温泉旅館で仲居をしています。

天然温泉かつ百パーセント源泉かけ流し、さまざまな効能があることから、療養のお客さんが多い山の中にある旅館です。

いまから五年前の十二月、一人の若者が来館し、高齢者の客が多いので、珍しいと思いました。

彼は高山《たかやま》と名乗り、二週間ほど滞在したでしょうか。

とても逞しい体つきをしており、はっきり言って私の好みでした。

まだ若いのに露天の内風呂がある部屋を予約して、私が担当することになったときは自然と頬がゆるみました。

話をするなかで、彼はプロのアスリートで、シーズンオフにオーバーホールするために訪れたそうです。

この旅館は彼の地元から比較的近く、友人にすすめられたそうで、年齢は二十六歳ということでした。

周囲には何もない場所ですし、七つ年下の若者にとっては退屈だったのかもしれません。

滞在十日が過ぎたころ、かなり深酒をされてしまい、給仕をしたときにくどかれ、強引に唇を奪われてしまいました。

もちろんあわてて離れて断ったのですが、心臓はドキドキで子宮が疼いたのは事実です。

翌日は顔を合わせないようにしていたのですが、食堂でとる朝食、昼食はまだしも、夕食の配膳をしないわけにはいきません。

彼の部屋に赴《おもむ》いたときはとにかく気まずくて、なかなか目を合わすことができませんでした。

「き、昨日は……すみません」

「い、いえ」

「かなり酔っぱらって迷惑をかけたみたいで、ホントに申しわけないです」

高山さんは頭をかき、盛《さか》んに謝罪してきましたが、後悔しているのはよく伝わりました。

二十代半ばの若い男性が、三十路を過ぎたバツイチの子持ち女に恋愛感情を抱くはずなどありませんから……。

単に、性欲を発散したかっただけなのでしょう。

肩を落とし、悲しみに暮れた瞬間、彼は真剣な表情で向きなおりました。

「言いわけになるかもしれませんが、ふざけた気持ちは少しもなかったんです」

「……え？」

「初めて会ったときから素敵な人だと思っていて……でも、恥ずかしく自分の気持ちを告げられず、ついお酒に頼っちゃったんです」

「冗談……ですよね？」

「冗談なんかじゃ、ありません！　ほんとうに好きなんです！」

あのときの私は彼の言葉を信用していなかったのですが、心とは裏腹に胸がときめき、女の情念がむっくりと頭をもたげました。

「あの、その、二人だけで会ってもらえないでしょうか？」

「それは……」

「仕事はいつに終わるんです？」

仲居の仕事はたすきがけ勤務と申しまして、朝は七時から十時過ぎ、夜は午後三時から八時過ぎまで働き、中休みをとるのが一般的です。

「は、八時半です」

正直に答えると、高山さんは身を乗り出し、私の手を握りしめました。

「そのあと、会えませんか？」

「会うと言っても、この近辺じゃ適当な場所はありませんし……」

「この部屋に来ることはできないでしょうか？」

宿泊客の部屋に忍んだことが旅館側にバレたらクビなのですが、どうしても彼に抱かれたいと思った私は、小さくうなずいていました。

「ホ、ホントですか!?」

「十二時あたりになってしまうかもしれませんが……」

「何時でもいいです！　近くに住んでいるんですか？」

「ここから歩いて五分ほどの宿舎に、息子と二人で住んでるんです。いつも十一時過ぎには寝てしまうので、そのあとなら大丈夫だと思います」

「鍵は開けておきますから、そのまま入ってきてください！」

「……わかりました」

私は軽く頭を下げ、客室をあとにしたのですが、動悸《どうき》が収まらず、不安と期待に胸が締めつけられる思いでした。

その日の深夜、旅館の裏口からこっそり入り、周囲を気にしながら高山さんの部屋に向かいました。

あのときは心臓が破裂しそうなほど緊張し、恐怖心から足がすくみました。

相手は数日で、この地を離れてしまう。

大きなリスクを冒してまで、思いを傾けるほどの価値はない。

そう考え、何度も引き返そうとしたのですが、どうしても彼への気持ちを抑えられなかったんです。

女の浅はかさと言ってしまえば、それまでなのですが……。

部屋に到着し、私はノックをせずに扉を開けて室内にすべり込みました。

後ろ手で鍵を閉め、天を仰いだ瞬間、緊張から解放され、全身の毛穴から汗がドッと噴き出ました。

内戸が開き、高山さんが姿を現すと、思わず幼子のように抱きついてしまったんです。

「あぁ……怖かったわ」

「もう大丈夫です……いつもの和服で来たんですね」

「このほうが、見つかったときに言いわけできると思って」

「すみません、面倒なことに巻き込んじゃって」

彼は背中を優しくなでたあと、唇を重ねてきました。

「あ、ン、むうっ」

舌が口の中に侵入し、唾液を吸われただけで体の奥底から熱いうるみが溢れ出しました。

続いてヒップをなで回され、狂おしいほどの感情が全身をおおい尽くしていったんです。

性感を、すべて剝き出しにされたような感覚だったでしょうか。

分厚い胸はもちろん、下腹部のふくらみもすごく、浴衣の布地越しに私の下腹をツンツンつつきました。

壁際に追い立てられ、帯をほどかれても、ただ湿った吐息をこぼすだけ。

とてもムードがあるとは思えませんでしたが、彼の荒々しい行為に性的な昂奮は上昇するばかりでした。

「あ、やっ」

和服を肩から脱がされ、襦袢《じゅばん》の衿元から大きな手がすべり込むと、さすがに恥ずかしさから拒絶の言葉が口から出ました。

「ああ、すごいおっぱい……和服の上からでも、わかっていましたよ」

「だ、だめ……あぁン」

手のひらで乳房をもみしだかれ、腰が自然とくねりました。

あのときにはすでにあそこは愛液まみれで、内腿まで滴っていたのではないかと思います。

高山さんは衿元から乳丘を露出させ、しこり勃《た》った乳首をペロペロ舐め回しました。

「あ、ふぅぅぅン！」

ねちっこい愛撫に自分でも驚くほどの色っぽい声をあげてしまい、頭に血が昇りました。

彼もまた昂奮したのか、乳房を手のひらでたっぷり練ったあと、襦袢の腰紐をほどき、手を股のつけ根に伸ばしたんです。

「あ、すごい、もうこんなに……」

「ひぃうっ」

指のスライドが繰り返されるたびに、くっちゅくっちゅと淫らな水音が響き渡り、私は恥ずかしさと快感の狭間で悶絶しました。

やがて快感が身を駆け抜け、あっという間に頂点寸前まで昇りつめてしまったんです。

「あ、あ、あ……」

うつろな目を宙にとどめた瞬間、高山さんは腰を落としてすそを割り開き、私はすぐさま我に返りました。

「あっ、だめっ！」

「もう我慢できないですよ！」

季節柄、家を出る前にシャワーは浴びていませんでした。

こんなことになるとわかっていたら、汗を流してきたのですが……。

しかもあそこは大量の愛液にまみれているのですから、なおさら見せられるはずもありません。

「お願い、シャワーを浴びさせて」

「いやです、そんなことしたら、辻畑《つじはた》さんの匂いが薄れてしまうじゃないですか」

「そ、そんな……あっ」

高山さんは合わせ目を強引に割り開き、デリケートゾーンに顔を押しつけました。そして舌を跳ね躍らせ、スリットからクリトリスを掃《は》きなぶったんです。

「く、はぁあああっ！」

「ああ、おいしい、おいしいです！」

「やぁあぁあっ！」

反射的に頭を押さえつけて離そうとしたのですが、首がこれまた太くて、とにかくビクともしませんでした。

そのうちにだんだん気持ちよくなって、私はいつしか頭を抱え込んで恥部を押しつけていました。

「あぁあぁあンっ！」

いやらしい音が聞こえるたびに身が震え、頭の中で白い光がまたたきました。

舌先がクリトリスをこね回した瞬間、私はとうとう絶頂への扉を開け放ち、腰を前後にわななかせました。

「あ、くっ、くふぅぅぅっ」

快感の高波が次々に押し寄せ、甘いしぶきと化して全身に行き渡りました。

腰が抜けそうな感覚は久しぶりのことで、あのときほど女に生まれてよかったと思ったことはありません。

「はあはあはあっ」

立ち上がった高山さんの目はすっかり充血し、口の周囲は愛液とよだれでベトベトの状態でした。

「……やだ」

手の甲で汚れをふいたのも束の間、彼は股間を突き出し、逞しいふくらみを見せつけました。

「も、もう我慢できません！　こんなになっちゃってるんです」

「……ああ」

私は熱い溜め息をこぼし、無意識のうちに手を伸ばしました。

浴衣の上から軽くふれただけでもビクンとしなり、逞しい昂りに子宮の奥が甘く疼きました。

帯をほどき、トランクスのウエストから手を忍ばせると、ペニスの躍動感が手のひらにはっきり伝わり、心臓が早鐘を打ちました。

指が回らないほどの太さで、血管は早くも熱い脈を打っていたんです。

「はあっ……すごい、おっきい」

「辻畑さんが悪いんですよ。あなたがエッチだから、いつもよりビンビンになってるんです」

高山さんはそう言いながら浴衣を脱ぎ捨て、自らパンツを引きおろしました。

ペニスが反動をつけて跳ね上がり、前ぶれの液をひるがえしながら下腹をバチーンと叩きました。

栗の実を思わせる亀頭、真横に突き出たカリ首、稲光を走らせたような血管と、あんなに大きなおチ〇チンは目にしたことがなく、二十センチ近くはあったのではないでしょうか。

陰嚢もいなり寿司並みで、精力旺盛《おうせい》なのも無理からぬことだと思いました。

しばし絶句したあと、私は喉をコクンと鳴らし、知らずしらずのうちにはしたない懇願をしていました。

「舐めて……いい？」

「いいです！　お願いします」

体位を入れ替え、今度は私がしゃがみ込み、ペニスに舌を這わせました。

陰嚢から裏筋、縫い目からカリ首と、汗くさいにおいはとてもなつかしく、鼻をひくつかせただけでこらえきれない情欲が内から込み上げました。

「ああ、ああ……いい、いいですよ」

高山さんが恍惚《こうこつ》の表情を浮かべたとたん、私はおチ〇チンを真上からがっぽり咥え込み、喉の奥までズズッと引き込んだんです。

「あ、くおっ！」

口の端が裂けそうな圧迫感にはびっくりしましたが、私は唾液をたっぷりまぶし、一心不乱に顔を上下させました。

「ンっ、ンっ、ンっ！」

「ああ、すごい、気持ちいい、くはっ！」

彼に喜んでもらいたい一心から頭を左右に振り、元夫にさえ見せなかった激しいおしゃぶりで舐め回したんです。

口の中でのたうつおチ〇チンがいとしくて、私自身も昂奮し、愛液がさらに噴きこぼれました。

なんとあそこに手を伸ばし、ひりつくクリトリスに自ら刺激を与えたんです。

とにかく気持ちよくて、軽いアクメは何度も迎えていました。

「ぷふぁ」

さすがに息苦しくなり、口からペニスを吐き出すと、私は無意識のうちに舌舐めずりしました。

早く入れてほしくて、上目づかいにすがりつくような視線を向けたんです。高山さんも同じ気持ちだったのか、私の手をつかみ、布団が敷かれた部屋の奥に突き進みました。

「もう我慢できませんよ!」

「あぁン」

彼は足で掛け布団をはねのけ、襦袢を脱がして私を全裸にさせました。そして布団に押し倒し、またもや情熱的なキスで性感を高め合いました。

互いに恥部をまさぐり、一匹の牡と牝になっていたのではないかと思います。

「ああっ、ああっ、ああっ」

握りしめたおチ〇チンは鉄の棒と化し、ビンビンにそり返っていました。

「入れて! 入れて!」

熱い思いが器から溢れ、我慢の限界を迎えた私は、はしたなくも自分からおねだりしました。

高山さんが足の間に腰を割り入れ、膣口に亀頭の先端をあてがうと、女の悦びに身が震えました。

男性と性的な接点を持つのは、およそ四年ぶりのことだったでしょうか。

期待感が込み上げた直後、凄まじい圧迫感が女陰を襲いました。

「あ、ひっ！」

「む、むむっ」

彼のモノは尋常でないほど大きかったため、子どもを生んでいるにもかかわらず、膣の入り口を容易に通り抜けなかったんです。

あのときはほんとうにあそこが裂けそうな感覚で、私はかすかな痛みに顔をゆがめました。それでも愛液は無尽蔵に溢れ出し、やがてカリ首がとば口をくぐり抜け、熱いかたまりがズブズブと侵入してきました。

「ひぃぃぃいっ！」

痛みが失せると同時にめくるめく快感が押し寄せ、私は彼の背中を両手でバチンと叩きました。

膣の中をいっぱいに満たすペニスの感触に子宮がひりつき、早くもエクスタシーの波に呑み込まれてしまったんです。

「おおっ、中がとろとろで……キュッキュッと締めつけてくる」

高山さんは天を仰いでうめくや、目をカッと見開き、大きなストロークでペニスの抜き差しを開始しました。

スタミナの持続力もすごかったのですが、ダイナミックな腰振りもまた強烈で、砲弾を撃ちこまれているような感覚だったでしょうか。

「やっ、やっ、やぁあぁぁっ！」

私は悲鳴に近いよがり声をあげ、シーツを引き絞っても快感から逃れられず、五分と経たずに頂点まで導かれてしまいました。

「イクっ、イッちゃう！」

「いいですよ！　何度でもイッてください！」

「あ、ひぃやぁあっ！」

ピストンのピッチがさらに上がり、頭の中が真っ白な靄《もや》に包まれました。

「イックぅうっ！」

私はこの世のものとは思えない快楽の渦に巻き込まれ、失神するほどのエクスタシーに身を投げ出したんです。

高山さんはまだ射精に至っておらず、私の体を反転させ、今度はバックから突いてきました。

「あ、あうっ」

恥骨がヒップを打ちつける高らかな音が室内に反響し、体が前後に激しくぶれました。

「いやっ、すごい、すごいぃぃぃっ！」

「お、おおっ、辻畑さんのおマ〇コ、絡みついてくる」

「あたし、我慢できない！　またイッちゃう、またイッちゃう！」

「俺もイキそうだ、くおおっ！」

腰がガツンと突き出された瞬間、亀頭の先端が子宮口を撃ち抜き、空に舞い上がるような快感が全身を包み込みました。

痙攣を引き起こすほどのアクメは初めての経験で、私は布団に突っ伏し、同時に膣からペニスが抜きとられ、お尻に熱いしぶきを受けました。

そのあとは内風呂の露天に入り、まったりした時間を過ごしました。

雪が降りはじめたときの美しい景色は、いまだに忘れられません。

風呂から上がると、もう一回戦こなし、翌日は寝不足と腰に力が入らず、ふらふらの状態でした。

高山さんは、「来年、また来るよ」と言ってくれたのですが、その約束がかなえられることはありませんでした。

彼は翌年のシーズン中に大きな怪我をしてしまい、体のメンテナンスどころではなかったのでしょう。

最近、彼が引退したという小さな記事を読み、胸が締めつけられる思いでした。

# 逗留先の秘湯で知り合った変態熟女将!
# 老練の責めでマゾの性癖が露になり……

田上茂典　会社経営・六十五歳

小さいながらも業績堅調な会社をいくつか経営しておりましたが、六十五になったのを節目に、事業を息子たちに譲り、いまは名目だけの重役として悠々《ゆうゆう》自適《てき》の生活を送っております。

その年はひときわ寒く雪の多い冬でしたが、私は一人で、とある秘湯の宿に逗《とう》留《りゅう》しておりました。ひとり旅で名湯を楽しむのが、私の趣味の一つなのです。古い蔵屋敷を改築した純和風旅館で、最大でも三組ほどしか客をとらない、そのぶん部屋の広さも湯殿も料理も上質なサービスを提供するという宿でした。

騒がしい下品な観光地とは遠く離れた風光明媚《ふうこうめいび》な集落にぽつねんと建つ、実に風情のある温泉宿です。

三、四日ほど世話になりましたが、時季がよくなかったのか客は私一人でした。宿には四十代の亭主と、その妻である女将《おかみ》、それに通いの板前がいるだけでしたが、こまごまと行き届いた心づかいに私は大満足でした。

さて出立しようとした朝のことです。深夜から急に降りだした大雪のせいで、集落から外に通じる一本道が通行止めになってしまったと女将から告げられました。テレビをつけると地元のニュースにも報じられています。

雪がやんで復旧工事が終わるまで、ここから出られないということです。

「ご迷惑をおかけしてしてほんとうに申しわけございません。私どもがもう少し気をつけていれば……」

床にひたいをこすりつけるようにしてわびる女将に、私は笑って言いました。

「はっはっ、気にしなさんな。天気のことだ、仕方ないさ。それにどうせヒマな隠居の身だ。もう何日かここで過ごすのも悪くないよ」

実際、私はこの宿を大いに気に入っていたのです。それに、もう一つ。眼の前にいるこの女将、幸乃《ゆきの》のことも私はいたくお気に入りでした。聞いたところでは、幸乃は今年四十四歳。雪国の純和風旅館にふさわしい、着物姿がよく似合うしっとりした色白美形の女盛りです。着物をまとっていてもむっちりした肉づきがまことに色っぽい女でした。

幸乃はさらに申しわけなさそうに続けました。

「実は……亭主と板前も折悪しく集落の外に出ておりまして戻ってこられません。きちんとしたおもてなしもできないありさまで……」

ほほう、この美人女将と幾晩か二人きりか。

ますますいいじゃないか。私はこの降ってわいた災難に、むしろにんまりしたのでした。

さいわい電気にも温泉にも支障はありませんでしたので、私はその夜ものんびりガラス張りの内風呂の湯につかって、大雪の景色を楽しんでいました。

「田上《たうえ》様、女将でございます。お食事をお持ちしました」

湯殿の仕切り戸の向こうから、女将の声がします。

「お入り。ここでやらせてもらおう」

幸乃が自分で作ったちょっとした料理と酒器を持って入ってきました。温泉につかったまま雪見酒とは乙なものです。

「ほかに客もいないんだろう。女将も一杯どうだね？」

「まあ。せっかくですのでご相伴《しょうばん》させていただきます」

いける口らしい幸乃は湯船のへりの腰をおろし、盃を差しつ差されつとなりました。他愛もない話をしながら飲んでいると、ほんのり頬を桜色に染めた幸乃が、ちらちらと湯の中の私の下半身を盗み見ているのに気づきました。

自慢じゃありませんが、私のセガレは人並みより少々大作り、そのうえ若いころから女遊びに使い込まれたおかげで黒ずみ節くれだった歴戦の業物《わざもの》です。女が思わず目を奪われてしまうのも珍しいことではありません。

顔つきから見て、幸乃もなかなかのスキモノと踏んでいましたが、どうやら私の見立てはまちがっていなかったようです。

私は湯から腰を上げ、股間のものを幸乃の前にさらしてやりました。

「どうしたね。こいつが気になるのかね」

「まあ、田上様。そんな……おからかいになられては困ります……」

幸乃は思わず口を手でおおいましたが、目だけはじっと私のそこから離せないでおりました。私は見せつけるように、それを上下に振ってみせます。

「どうだね、いかついだろう？　こいつでずいぶんと女を泣かせてきたものだ。ひとつ、女将も試してみるかね？」

「い、いやですわ。お客様とそんなこと……それに、私には夫が……」

口ではそう言いながら、幸乃は顔を真っ赤にして、ますます物欲しそうな目つきをするのです。私は幸乃の手をとって、大業物にふれさせました。

「今夜は二人きりだ。少しくらい遊んだってバチは当たりやせん。そうだろ？」

幸乃はまったく抵抗しませんでした。それどころか、私のそこをやさしく握り、巧みな手つきで愛撫しはじめました。

「ああ、ほんとうにご立派……大きくて筋張ってて……」

「フフフ、すっかりご執心じゃないか。では、布団でしっぽり楽しもうじゃないか。極楽を味わわせてやるぞ」

私は湯船から出ると、裸のまま幸乃の手を握り、すでに布団を延べてある寝間へと引っぱっていきます。

「あんっ、いけません田上様。困ります、そんなこと……ああん」

幸乃はそう言いますが、ほとんど逆らうこともなく、あっさりと布団に押し倒されてしまいます。私は女の着物を脱がすのも慣れたものです。するすると帯を解き、着物をはぎとります。薄い肌襦袢の襟を開くと、幸乃の裸の乳房がまろび出てきます。

「ああ、許して……お願いですから……ああ」

想像したとおりの豊満なふくらみでした。若い娘のような淡い桃色の乳首はすでにコリコリに硬くなって、指でつまんでやると幸乃はピクンと反応し、「はあぁん」とうめきます。

「おお、思った以上のむちむちのもち肌だ。男好きのするいい体してるじゃないか、女将。ずいぶんと男を惑わしてきたんだろう？　ええ？」

私は幸乃の耳たぶから首筋を舐め回しながらささやきました。

「そ、そんなこと……あはぁんっ」

ほどよく熟れた幸乃の肌はえもいわれず甘く、匂い立つ体臭はあきらかに欲情した女のそれでした。

私を見上げるしっとりとうるんだ目つきは、まちがいなくマゾっ気たっぷりの淫乱のものです。

　こういうタイプの女の喜ばせ方は慣れています。私はするすると肌襦袢の帯を解くと、それでもって幸乃の両手首をたちまちくくってしまいます。もちろんお遊びですから、本気で縛りつけたわけではありません。はずそうと思えば、少しもがけば簡単にゆるんでしまう結び方をしてやりました。

　しかし幸乃は、これがことのほかお気に入りのようでした。頭の上で両手を組み合わせたまま、さらに興奮の度合いを高めています。

「ああ、ひどいです、田上様。な、なにをなさるんですか……?」

「そうだな。まずは女将のこのいやらしい体をじっくり検分させてもらおうかな?」

　私はゆっくりと時間をかけて、まだわずかに幸乃の下半身をおおっていた肌襦袢をはだけていきます。いまどきの女性らしく、残念ながら無粋なパンティをはいています。近ごろは下着なしで着物を着る女性もめっきりいなくなりました。

　もちろん私は、そんな艶消しの下着は容赦なく脱がせてしまいます。

「あっ、いやいやっ。恥ずかしいですっ」

幸乃はくねくねと身じろぎしますが、どこまでもされるがままです。

私はしげしげと、幸乃の裸身を見おろします。

「おお、ほんとうに淫らな体だねえ、女将。このたわわな乳はどうだ。乳首もこんなに大きくおっ立てて、すっかり感じを出してるじゃないか。尻もどっしり大きくて、肉づきがたまらないねえ。おお、腋毛はいつ剃《そ》ったんだね？　だいぶ生えかけて、青々しとる。ほう、意外に毛深いんだな、女将は。下の毛はぼうぼうに生え放題だ。白い肌に、まっ黒い林がよう映えとる」

「いやあ……そ、そんなにじっと見ないでくださいませ。私、恥ずかしくて死にそうです」

私はねっとりと、指先を幸乃の体に這わせます。

「ククク……肌がどんどん桃色に染まってきたぞ。ほれ、最初にどこを責めてほしいんだ、女将。自分の口で言ってごらん」

「そ、そんな……言えません……もう堪忍してくださいませ」

首をイヤイヤと振る幸乃ですが、息はすっかりハァハァと荒くなっています。

私はたぷたぷと揺れている乳房をやんわりとなでさすり、いちばん感じる乳首には直接ふれず、その周囲をじらすように指でなぞります。

「そうなのかい？　言わないとさわってやらないよ？」

幸乃はしばらく、きゅっと唇を嚙み締めてじれったさに耐えていました。自分でさわりたくても、手首は拘束されています。

「くうぅんっ、ああ、もう意地悪しないでください。はぁ、はぁ、どうか……どうか、思いきり……」

「思いきり、どこをどうしてほしいんだね？　ちゃんと言ってごらん」

唇をふるわせながら、とうとう幸乃はうめくように言いました。

「お乳……お乳の先っちょ……私のピンピンになったいやらしい乳首を、思いきりいじめてくださいませっ」

「いいだろう」

私はピリピリと痛いほど勃起している幸乃の乳首を、いきなりぎゅっとつねってやりました。幸乃は「あッ、ヒィイーッ！」と悲鳴のような一声をあげ、体を弓なりにそらしました。

手をゆるめてもまだひくひくしつづけている幸乃に、私は尋ねます。

「おやおや、まさか乳首だけで気をやってしまったのかね。ほんとうに淫乱な体をしているね、女将は。この分じゃ、アソコもさぞかしズブ濡れだろう。それ、広げて見せてみなさい」

私が脚をつかんで開かせようとすると、さしもの幸乃も、わずかにあらがうような仕草を見せました。

「あ、ここは……ここだけは許してくださいっ。こ、こんな明るいところで……ああ」

もっとも、私が少し強引に膝を開かせると、幸乃の防備はあっさりと崩れてしまいます。私は幸乃の股ぐらに顔を突っ込み、女の秘所を間近に凝視します。

「おうおう、小造りでかわいいオ〇コじゃないか。それにしてもどえらい大洪水だな。すけべえな汁が尻の穴まで滴っとるぞ。ぷっくりした肉ビラがこんなにハミ出して……きれいな顔をして、ここはとんだスベタだな」

「いやいやっ。いけませんっ！　そ、そんなにジロジロ見ないでくださいっ！」

私は舌を伸ばして、それをすでに愛液まみれになっている幸乃のそこへ近づけていきます。

「どれ、女将のすけべえ汁はどんな味かな?」

「い、いけません、田上様……そんな汚いところにお口をつけたりしたら……ああっ」

ピチャピチャと音を立てて、私は幸乃のその部分をねぶり、味わいます。スキモノ熟女の愛液の甘じょっぱさといったら、こたえられません。

「あぁーッ! ひぃぃッ! そこは、そこは……あああっ、許してっ! 私、どうにかなってしまいますっ!」

先ほどからじらしにじらされて敏感になっているところにクンニをされてよほど感じるのか、幸乃はあられもなく大股を開き、腰をぐいぐい浮かせてよがり狂います。

「それ、今度は女将が私のをしゃぶるんだ。しっかり刺激してくれよ。ピンピンになったら、ここへぶち込んでやるからな」

「は、はい。田上様……失礼いたします」

私が眼前に自慢のナニを突き出すと、幸乃はうやうやしくそれを両手に捧《ささ》げ持ち、唇と舌をねちねちと絡みつけてのご奉仕をしてくれます。私も寄る年並みには勝てず、最近は若いころほど勃ちは早くありませんが、ここまでの濃密な前戯のおかげで、五分勃ちだった逸物はついに隆々と十全の状態になりました。

長さといい、エラの張った黒光りする亀頭といい、幾重にも青筋立ててそり返った野太い竿といい、我が道具ながら惚《ほ》れぼれする雄々《おお》しさです。

「そうら、どうだ。この大業物で極楽を見てみたいだろう？」

「こ、こんなに大きくなって……ああ、こんなすごいのでされたら、私、壊れてしまいそうです」

私はナニをぐっと握って、幸乃の肉割れに押し当てます。

「どうした、女将。こいつが欲しくないのかな？」

「ああ、欲しい……欲しいで、田上様。後生《ごしょう》ですからこのご立派なお道具で、どうか幸乃をうんといじめてくださいませ」

自分の指をしゃぶりながら、幸乃はもう一方の手で自分の陰唇を押し広げ、交尾をねだります。

入り口が小さめの幸乃のアソコに対して、私のソレはいかつすぎるようでしたが、じゅうぶんすぎるほど濡れそぼってふやけたその部分は、私が腰に力を込めて押し込むと、ぬぷりと先端を受け入れてくれました。

幸乃は布団を握りしめ、苦しさと悦楽とがないまぜになったような低い声を洩らします。

「おおお……ほんとに逞しいんですね……あああん、押し広げられてる……あっ、ああっ、こんなの初めて……おっ、おお……」

「それ、もっと入るぞ。どうだね女将、私の逸物の味は」

ぐっ、ぐっ、と私は少しずつナニをねじ込んでいきます。幸乃のそこは熟れた女にしては狭く、熱い内側の襞が私のモノにぴったりと吸いつくようで、望外の心地よさでした。

「ああ、ゴリゴリしたのがお腹の中にどんどん……んぐううっ、きっ、気持ちいいですっ。こ、こんな奥までいじめていただけるなんて、すごい……」

「私もたまらん心持ちだよ、女将。おう、よう締まるオ〇コだ。うーん、こいつは極上の名器じゃないか。そうれ、突いてやるぞ」

私は幸乃の真っ白な太腿を抱えて、逸物を根元まで一気に押し込みます。いちばん奥の壁を先端でなぶってやると、幸乃は首を激しく振って「んぎぃいッ！」と悲鳴をあげます。

「どうだ、このあたりをつつかれるとしびれるだろう？　ええ？」

「はいっ、はいっ、田上様っ！　ああーっ、こんな奥までっ⁉　ああ、ほんとに壊れてしまいそうっ！　でも、でも気持ちいいですっ！」

私はじわじわと抜き差しの調子を速めていきます。

幸乃は髪を振り乱し、なまめかしく身悶えします。

「んひぃーっ！　はっ、激しいですっ！　んあぁっ！　カ、カリ首が奥のツボをこすって……ひぃーっ！　ああすごいっ！　イッ、イキそうですっ！」

「そんなにあわてなさんな。そら、体を起こして……もっと楽しもうじゃないか」

私は結合したまま幸乃を抱き起こし、居茶臼《いちゃうす》、いわゆる対面座位の格好になりました。

「さあ、女将。今度はあんたが動いてごらん」

「は、はい……こう、ですか？　ああ……また奥にグイグイ来ます……うう」

幸乃は私にしがみついて、お尻を淫らにくねらせはじめます。最初は遠慮がちにおずおずとですが、次第に快楽をむさぼるように荒々しくなってきます。

ただでさえ締まり抜群の幸乃です、私のセガレも快感にますます硬くなろうというものです。

「ああ、お道具が中でこんなに暴れて……はああ、はああっ、ああ、だめ、オ〇コがとっても感じやすくなってて、またイキそうです……おおっ！」

幸乃の息が上がりはじめたころあいに、今度は私が下から突き上げてやります。

「ほれっ、ほれっ、これでどうだ。昇りつめていいんだよ」

「あぅうーっ！　いいっ、いいですぅっ！　ああもうガマンできませんっ！　イキますっ、イッてしまいますっ！」

私は幸乃をぎゅっと抱き寄せ、とどめの突き上げを加えてやりました。

幸乃のもち肌がかーっと熱くなり、私のナニを包む肉襞がますます縮こまるのがわかりました。

同時に、私の玉袋の中の精も、まさに沸騰しているようでした。

私と幸乃はリズムを合わせ、頂上へ向かって互いのそれを激しくこすり合わせます。幸乃が私の耳もとに、悲痛なほどの声を洩らします。

「あぁーっ、も、もう死ぬぅっ！　イクっ、イクっ、イキますぅーっ！」

次の刹那《せつな》、幸乃は私の体に脚を巻きつけ、凄まじい痙攣を起こしました。

私もまた、奥深くまで押し込んだ逸物から、男の精をこれでもかとばかりに放ちきったのでした。


大雪はそのあともしばらく降りつづけ、集落と外をつなげる道路が再び開通したのは三日後の朝のことでした。

言うまでもなく、その間、私と幸乃は昼となく夜となく、獣のようにまぐわいつづけておりました。

食べ物と酒は厨房にたっぷりありましたから、私たちは孤立集落に閉じ込められている間もなんの心配もなく、ただ快楽のことばかり求めていたのでした。

それこそ寝るとき食べるとき以外は、ずっと交尾をしていたかもしれません。

雪がやんで、道路がつながったと連絡があったときには、むしろこの夢のような時間が終わってしまうことに、二人ともがっかりしたものでした。

「このたびはとんだことで、ほんとうにご迷惑をおかけいたしました、田上様。

これに懲《こ》りずに、またご投宿いただけますでしょうか」

出立の朝、幸乃はそう言って、亭主に気づかれないように、悩ましい視線を私に送ってきました。

「ああ、近いうちに、ぜひそうさせてもらうよ」

帰宅してからも、私の頭にあるのは、幸乃の白い肌、なまめかしい喘ぎ声、揺れる乳房、そして絶品だったアソコの感触のことばかりです。

次は梅の花が咲きはじめるころに、またあの宿を訪れるつもりです。雪はもうなくなっている季節でしょうが、湯治にかこつけて、十日ばかりの長逗留の予約をすでに入れております。

# 第三章
# 旅情が溢れる街で交わる牡と牝の肉体

# 真冬の温泉宿で会った熟女マッサージ師
# 滾る男幹を見せつけ禁断のナマ挿入！

坂本悟志　会社員・四十五歳

あれは、日本海側の地方都市に出張で出かけたときのことです。

前々から私が中心となって進めてきた、大きな商談の最終的な契約交渉をするためでした。予想以上に商談がうまくいったこともあって、終了後、私は近くにある古くからの温泉街まで足を延ばしました。

自分へのご褒美じゃありませんけど、経費で許される宿泊費に自腹を加えて、ちょっと高級な旅館に泊まることにしたんです。

その夜は、深々と雪が降っていました。

体じゅうにしみ渡るような温泉につかり、山海の新鮮な食材が満載のおいしい料理をいただき、ほんとうにがんばってきた仕事の疲れがいやされていきました。

どうせならと、ぜいたくついでにマッサージも呼ぶことにしました。うまくいくときというのは、何をやってもいいほうに転ぶのかもしれません。

「失礼します。本日は当店をご用命いただき、ありがとうございます」

やってきたのは、私と同い年ぐらいでしょうか、目鼻立ちのくっきりした美熟女マッサージ師さんでした。純白のユニフォームはパンツルックでした。ぴったりしたシルエットに浮かぶ女らしい肢体にも目を奪われてしまいました。

「お客さま、今日は、どちらからいらっしゃったんですか?」

「あ、東京です。仕事がうまくいったので、ちょっとぜいたくしようかと思って」

「そうですか、それはよかったですね。それでは私も一所懸命にマッサージさせていただきます。最初はうつ伏せになってくださいね」

彼女のマッサージはほんとうに心地よくて、施術されるうちに、体の内から活力がみなぎってくるようでした。

ええ、それは大いに〝男の活力〟という意味も含まれていました。私は彼女にもみほぐされながら、今回の商談に向けて夢中で仕事をしていたので、ずいぶんとオナニーすらしていないことを思い出していました。

さらには疲れマラもあって、裏腿にむっちりと乗られて腰をもまれていると、痛いほどギンギンに勃起してしまいました。

それを見計らったように彼女が言いました。

「じゃあ、今度はあおむけになってくださいねー」

私はためらったのですが、変に隠すとよけいにおかしな雰囲気になると思い、

「ままよ」と勢いよくあおむけになりました。私からは見えませんでしたが、浴衣の股間はどうしようもないほど不自然に盛り上がっていたのでしょう。

彼女が驚いたように動きを止めて、ゴクッと息を呑むのがわかりました。

私はなんとかその場をとりつくろおうと、言葉を並べました。

「申しわけありません。仕事が忙しくて、出してないというか、溜まってるというか、いや、お恥ずかしい限りで。あの、気にしないでください」

彼女は困ったように、でも、やさしく言ってくれました。

「だ、大丈夫ですよ。たまに、こうなってしまう方もいらっしゃいますから……ええと、じゃあ、体の前のほう、マッサージしていきますね」

「はい、お願いします……」

彼女の心地いい施術が再開されました。ただ、胸から腰、太腿ともみほぐす彼女の手つきが意味深な感じがして、私はたまらなかったんです。

勃起は治まるどころか、ますます硬くなり、ビクビクと脈打っていました。

彼女はさらに、内腿や脚のつけ根、睾丸の際まで集中してマッサージしてきました。私はもう頭がおかしくなりそうでした。こんな生殺しに耐えているよりは、「旅の恥はかき捨て」のことわざに従ったほうがマシだと思いました。

「あの、体はほぐれたので……別のマッサージというか、裏メニューというか、エッチなコースみたいなものは……ないんですか？」

私のぶしつけな質問に、彼女はすかさず、たしなめるように言いました。

「やめてください、そういう店じゃないですから」

あとに引けなくなって、私はさらに言ってしまいました。

「じゃあ、個人的に別料金を払いますので、お願いできませんか？」

「うち、お金でほんなことする女じゃありません！」

彼女を怒らせてしまったようで、私はシュンとするしかありませんでした。

ところが、彼女はその言葉とは裏腹に、純白のユニフォームのまま私の腰に跨って、股間を密着させると、ゆっくりと腰を前後に振りはじめたんです。

「え、あ、そんな……いいんですか？」

「アソコがすごく苦しそうなので……私がこうやってマッサージしてるうちに、お客様が勝手に気持ちよくなるのは、仕方ないことですから」

ズボン越し、浴衣越しだというのに、なんとも柔らかい女陰部の感触が伝わってきました。それが前後に動いて、ペニスをピンポイントでマッサージしてくるのですから、私と同じようにシュンとしかけた愚息は、またたく間に前にも増して元気をとり戻し、彼女を下から突き上げるように硬くなっていました。

それを感じたのか、彼女の腰つきはどんどんこすりつけるように、いやらしくなりました。私が「むぅ」「うぐ」とうめき声を発していると、腰を振りながら耳までほてらせて、彼女がささやいてきました。

「お客さま、気持ちよくなったら、我慢しないでくださいね」

「はい、すごく気持ちいいんですけど、この浴衣とか、マッサージ師さんのズボンとか、そういうのがジャマというか、イマイチというか……」

図々しくも、私がそんなことを言うと、彼女は「やだ、そんな」と困り果てた表情を浮かべたのですが、一度私の上から降りると、浴衣の帯を解き、前を広げて、ボクサーパンツを露にしてしまいました。そこには極限まで勃起した愚息のシルエットがくっきりと浮かび、我慢汁までにじんでいました。

しばらくの間、そのシミをジッと見つめていた彼女が、「見ないでくださいね」と言いながら、ユニフォームのズボンを脱いでくれました。ズボンの下から現れたのは、レースの飾りがついた光沢ある白のショーツでした。

私が目を奪われていると、「もう、見ないでくださいってば」と少し甘えるように言って、彼女はもう一度私に跨ってきました。

下着だけの素股は、性器同士の接触具合が格段になまなましくなりました。

ウエストから下をリズミカルに振って、下着越しのペニスにヴァギナをこすりつける彼女は、怖いほど艶っぽい表情になっていました。彼女が腰を前後に振るたびに、ヌルッ、ヌルッという感触まで伝わってきました。

「はっ、はう、なんか、こんな……お客さま、どうですか？」

彼女も感じているのを知って、私はさらに図々しくなりました。

「やっぱり下着がジャマみたいで……もう一度、降りてもらえますか」

そうお願いすると、彼女はとまどいながら私の上から離れて、横に座りました。

その瞬間、私は一気にボクサーパンツをずり下げてしまったんです。

「ヒッ……お客さま、そんなこと」

「あの、入れませんから、直接……そのほうが、すぐ出ると思いますし」

私の股間では、天井を向いた愚息が、ビクンビクンと弾けていました。

「そ、そうなんですか……こ、こんなに、なってたんですね」

彼女は息をするのも苦しそうな表情で、そのペニスを凝視していました。

「あぁ、こんなに……太くて、血管が浮いて、すごくいやらしいです」

やがて意を決したように、スルスルとショーツを脱いでいったんです。

きちんと上半身にはユニフォームを着たまま、下半身だけすっぽんぽんになった姿は、全裸よりふしだらな感じがしました。

私はといえば、あおむけで浴衣の前を大きく広げ、パンツを膝までおろしただらしない格好でした。ただ愚息は恥ずかしげもなく、天を向いていました。

「ほ、ほんとうに、入れちゃ、ダメですからね」

そう言って、またしても彼女が私の上に跨ってくれました。とうとう私と彼女の性器の間には、さえぎるものが何もなくなっていました。直接ヴァギナでペニスをこする生の素股は、とんでもない快感でした。

「ぐうっ、気持ちいいです。あうぅ、すごい」

生き物のようにうごめく小陰唇が、ペニスの裏側をおおうように貼りつき、亀頭から根元まで咀嚼するようにこすっているのが目に見えるようでした。

「あッ、んッ、私も、なんかすごく、あ、い、いいっ」

彼女も絶え間なく喘ぎ、比べものにならないほど、いやらしく腰を振っていました。溢れた愛液が、私の陰毛や下腹部まで熱く濡らしていきました。それはローションよりもねばり気に満ちて、性器の摩擦感が消えていきました。

「はっ、はっ、これなら、すぐに出そうです」

私がそう発すると、彼女は何を思ったか二人の股間に手を伸ばし、ギュッとペニスを握って、グチャグチャと亀頭でヴァギナをかき回しはじめたんです。

「お客さま、ダメです、そんなにしたら……入っちゃう」

「何を言ってるんですか。私は何もしてないじゃありませんか」

「ひどい、私のせいにするつもりですね」

そう言うと、彼女は自らペニスをコントロールして、ヌルッと入れてしまったんです。すぐさま愚息は四方八方から膣粘膜に締めつけられました。

「ああっ！　入っちゃったじゃないですか」

想像もしていなかった展開に、私は夢を見ているようでした。

「いいんですか？　ほんとうに入ってますよ」

「す、すごく大きい！」

「あぅ、すごく締まってます……」

その挿入感はまぎれもなく現実のもので、疑いようもありませんでした。

「あッ、あッ、私の中に、お客さまが……すごい奥まで……」

彼女は素股以上に激しく、いやらしく腰を振り、上下に動かしてペニスを出し入れしました。私の愚息が彼女の膣の中でもみくちゃにされていました。

「そ、そんなに動かれたら……」

それまで以上に強烈な刺激に襲われ、溜まりに溜まっていた私の精液は、すぐにでも噴き出そうとペニスの根元で沸々しはじめました。

「……も、もう、出そうです」

するとと彼女はウソだと思ったのか、「まだ入れたばかりじゃないですか」と、膣粘膜でペニスをしごくように、腰を大きく振ってきました。

「ほんとです、出る、出る！」

「えっ、ダメ、ダメです！　中に出しちゃ……」

あわてて彼女が腰をグイッとひねって、射精直前のペニスを抜き去ってしまいました。行き場を失った精液が、ドピュッ、ドピュッと噴き上げてから、ドクドクと長い間溢れ出していました。私の下腹部までねばっていきました。

「す、すみません、我慢できなくて……」

「いえ、そんな。ほんとうに溜まってたんですね……」

慰めるように言った彼女が、持参のタオルであと始末をしてくれました。睾丸の袋までていねいにふきながら、彼女がささやくのが聞こえてきました。

「……全然小さくなりませんね」

大量に射精したというのに、愚息は硬さを保ったままそり返っていました。私は続けざまにセックスできた二十代に戻ったような気分でした。

「また、すぐに、できそうですね」

恥ずかしそうに微笑んだ彼女が、ゆっくりとあおむけの私におおい被さって、両腕を首に回してきました。顔が引き寄せられて唇が重なりました。

彼女の唇は温かくて、しっとりと湿っていました。とまどう私の舌を彼女の舌がやさしく誘い、唇を使って自らの口腔に吸い込んでいきました。

右に左に首をかしげて、その舌を生き物のように歯と歯茎の間に這い回らせ、さらに口腔の奥深くまで忍び込ませてきました。

「んぐ、はあぅ、んんむむ」

気が遠くなるほど長く、いやらしいキスでした。

やがて彼女はゆっくりと口を離し、ユニフォームの上着を脱いで、ブラジャーもはずしてしまいました。私の眼前に、たわわな乳房が露になりました。

「……さわってください」

指を広げて乳房をもむと、マシュマロのような柔らかさの奥から弾力が伝わってきました。乳首をつまんでこね回すと、彼女の肢体がビクッと弾みました。

「恥ずかしい、すごく敏感になってます」

私は下から抱きつくようにして、彼女の豊乳に顔を埋め、量感たっぷりの心地いい柔らかさを味わいながら、乳首を口に含んでいきました。

「ああむっ、そんな……気持ちぃぃ」

舌で乳首を転がすと、彼女の背筋が弓を描くようにそり返りました。

「乳首を舐めながら、アソコもさわってください」

右手をすべらせていくと、熱を帯びた彼女の太腿が、おしっこを我慢するようにモジモジとこすり合わさりました。すでにヴァギナはぬかるんでいました。指を曲げたり伸ばしたりすると、ヌチャッ、ネチャッと音が聞こえてきました。

「あっ、だめ……そ、そんな、あうっ」

粘膜の割れ目をまさぐる私の中指に、ときおり米粒ほどの小さな突起が当たっていました。そのたびに彼女の肢体が、ビクンと大きく痙攣しました。

指の腹を押しつけ、こねくり回すと、彼女の痙攣が止まらなくなりました。下から上に弾くようにしながら、再び乳首を含むと、狂おしく訴えてきました。

「はぁ、はぅ、うち……おかしなって、いいですけ？」

そして全身をくねらせながら、私の下半身のほうに這いおりていきました。そのままペニスをやさしく握ると、ひとり言のようにささやきました。

「あぁ、カリの張りが……すごいわ」

私が顎を引いて彼女のほうに目をやると、大きく口を開くのが見えました。

「な、何をして……んぐぐ、ああッ！」

いきなりのディープスロートでした。

「ジュブ、ジュブッ、ジュブブッ……ん、ん、むご」

唇がペニスの幹をしごき、舌がカリの裏筋をほじり、ときおり深々と亀頭が咥え込まれると、尿道口が喉の粘膜に締めつけられるのがわかりました。

「あぁっ、そんなに奥まで……い、いい、うくっ」

私は全裸で大の字のまま、四肢の先まで伝わる淫らな快感に身悶えました。

「ね、お客さま、うちのも舐めてたいま」

彼女が口走ると、四つん這《ば》いの肢体が回転して、白い太腿がスローモーションのように私の顔の上を横切りました。目の前にやってきたヴァギナは、左右に開いた小陰唇の奥でうごめく膣口までが、はっきりと見えました。

「うぅ、本気汁が溢れて、すごくいやらしいです」

「イヤ、見んといて……」

彼女がグイっと腰を落とすと、のしかかる大きなヒップに視界をさえぎられ、ぬかるんだヴァギナで口がふさがれ、女性上位のシックスナインになりました。お互いの体には、コーティングしたようにヌルヌルの汗が浮いていました。

「いっぱい、舐めて……」

私は小陰唇とディープキスをするように、むさぼり、舐め回しました。

「あぁぅ、そうです。いいッ！」

割れ目の粘膜をしゃぶりながら、ヒップを下から抱え、十本の指でもみくちゃにしました。汗のぬめりが淫らな感触を倍増させていました。夢中でもみしだきながら、膣口の中まで舌を突き入れ、かき回しました。

「いいっ、興奮します、激しいの好きねん！」

彼女も私の口唇にヴァギナを押し当て、ヒップを振りつけてきました。

「もっと舐めて、クリも、穴も！」

そう言って彼女は、握っていたペニスを再び咥え込みました。バキュームのように吸い上げる唇の形、亀頭に絡み裏筋を舐め回す舌の動きが、目に見えるようでした。淫らなシックスナインで、しばらくの間、お互いの陰部をしゃぶり合うねばりつくような音だけが、旅館の部屋に響いていました。

「お客さま、私、もう我慢できません」

やがて彼女がヌルッとペニスを吐き出すと、切なげに求めてきました。

もちろん私も、すでに入れたくて仕方ありませんでした。今度こそ、彼女の膣内の快感をたっぷりと味わいたいという思いで私が身を起こすと、呼応するように彼女は布団に横たわり、大きく脚を開いてくれました。

「あぁ、私、お客さまとこんな……」

全裸であおむけの彼女は、別人のように淫蕩《いんとう》な表情でした。大きいババロアのように乳房がゆれていました。細い陰毛の下に、蜂蜜のような愛液にたっぷりとコーティングされたヴァギナが息づいていました。サーモンピンクの小陰唇が新鮮な二枚貝のようにうごめき、真珠ほどのクリトリスがのぞいていました。

「は、はやく……入れてたいま」

私は正座のような膝立ちで、ズリズリと彼女に近づいていきました。M字を作る彼女の両膝の下の空間に、自分の膝を差し込んでいきました。

丸見えのヴァギナに亀頭が近づいていくと、スッと彼女の指が伸びてきて、ペニスを握り、しごきながら膣口に引き寄せていきました。

「あんなに出たのに、こんなに硬いままで、エッチなチ〇ポやね」

ぬかるんだヴァギナに、亀頭がクチュッとふれると、小陰唇がむさぼりついてきました。彼女がペニスを激しくゆさぶると、半分ほど埋まった亀頭が粘膜の割れ目を上下にえぐりつけ、クリトリスをかき上げるように弾いていました。

「うちのオマ〇コで、こんなに勃起してくれて……うれしいです」

ヌチャヌチャ、グチャグチャと音を立てて、少しずつ亀頭が姿を消していきました。たまらず私が尻の筋肉にグッと力を入れると、グチュッとカリ首の下までが埋没し、そのままペニスは根元まで突き刺さっていきました。

「あぁーっ、お客さま！　いっぱい出し入れしてたいま」

私は彼女の望むとおり、腹筋と尻の筋肉に交互に力を入れて、出し入れを繰り返しました。彼女もグッ、グッと体に力を入れてペニスを受け止めていました。

「い、いいッ、気持ちいいです！　お客さま……あうッ！」

ヌメヌメの膣粘膜がペニスにまとわりついてくる垂涎《すいぜん》の挿入感に、私の快感はどんどん高まり、彼女の膝に手を置き、グジュッ、グジュッと貫きました。

「いいっ、ステキ！　お客さまのチ〇ポ……」

このまま射精まで突っ走ろうかと思っていると、彼女が発しました。

「ねっ、お客さま、後ろからも突いてたいま」

私の前で四つん這いになると、まるまると豊かなヒップを突き上げました。

「ああ、いやらしい。発情したメス猫みたいですよ」

「やだ、何を……ほんなの、興奮してしまう！」

イヤイヤと髪を振り乱す彼女のウエストをつかみ、そり返るペニスを押さえ込んで、両側に貼りつくほど開いた小陰唇に、愛液が滴る亀頭の先をあてがい、グッと尻の筋肉に力を入れると、ヌルッと音が聞こえるかのように、カリの笠までがヴァギナの中に埋まり込んでいきました。

「来た来た、来ました……奥まで突っ込んでたいま！」

私は彼女の大きなお尻を両手でもみながら、腰の押し引きでペニスを出し入れしました。ペニスの形に合わせて膣粘膜がぴったりと貼りついていました。入り口から奥まで肉壁がうねうねとうごめき、波打つように締めつけてきました。

「すごい、こんなの……すぐに、イッちゃう！」

四つん這いで踏ん張った彼女の太腿がブルブルと震えていました。お尻の肉をもみくちゃにしながら腰を振りつづけると、彼女が喘ぎながら言いました。

「アアッ、いいぃ、私、チ〇ポ入れられるの、久しぶりげんて」

彼女が上半身を布団に突っ伏し、ヒップをさらに突き上げました。射精間近の私は、彼女の言葉を聞き流し、やみくもに腰を振って貫きつづけました。

「あぁっ、ダメダメ、オマ〇コ壊れてしまう！」

その瞬間、亀頭が弾け、快感の塊《かたまり》が噴き出していました。

「ひぃっ、熱いのが、当たっとる！」

精液を受け止める彼女の体が、何度もビクビクと痙攣しました。

「うち、お客さまとこんなことするの、ほんとうに初めてなんやぞ。シングルマザーなんで、仕事以外の時間は家のことに追われて、エッチなんて……」

夢の中にいるような余韻の中で、彼女の生々しい声が聞こえてきました。

# 自然豊かなカフェで誘われる四十路熟妻
# 夫以外の極太チ○ポを味わい尽くし……

犬飼恵美　主婦・四十二歳

私は本家の一人娘として育ち、親の決めた人と結婚して、一度もこの田舎から出ることなくこの年まで暮らしてきました。

うちの集落は山の中腹にあって、周囲は見渡す限り山と田んぼです。車がないと暮らせないような場所なのに、私は大事に育てられすぎて、運転免許さえ持っていません。夫か娘に頼らなければどこにも行けず、ほとんど外の世界を知ることのないまま暮らしてきてしまいました。

跡とりとして土地や財産を譲り受けるものの、私はそんなことより、年の近い従姉妹たちが自由恋愛を楽しんだり都会に出ていったりするのを、ずっとうらやましい気持ちで見ていました。

ここ最近は「やっぱり田舎がいい」なんて言って戻ってくる人も増えていますが、みんな好きなことばかりしていい気なものだとあきれていました。

三年前に戻ってきた従妹は、都会で知り合った旦那さんといっしょでした。

二人はこの土地で、カフェを開いたのです。

当時、周囲の誰もが、こんな場所でしゃれた店なんか出したってすぐつぶれるに違いないと言っていました。

オープンしたてのころは、義理で知り合いが顔を出したものの、すぐにみんな飽きてしまい、案の定だんだんと閑古鳥《かんこどり》が鳴くようになっていました。

つぶれるのも時間の問題だとささやかれるようになり、私もいっしょになって「ほれ見ろ」なんて思っていたのです。自由に暮らしている従妹に対して妬《ねた》みもありました。

ところが、あるとき雑誌にとり上げられたらしく、その日から新しい客が来るようになったのです。

特産品を使ったメニューがご当地グルメとして紹介されて、有名になったと聞きました。

さらに、景色を見渡せる立地とインテリアが高評価されたらしいです。どこにでもある山並みが見えるだけなのに、そんな客の口コミやSNSなどを見て、わざわざ遠方からくる人が増えたのです。店はあっという間に繁盛《はんじょう》しはじめました。

「すごいねえ、今日もいっぱい都会のナンバーが止まっとるよ」

ほかに新しいニュースもなく、みんなその話題でもちきりでした。私も内心気になっていて、ある日、それとなく従妹に電話してみたのです。

すると、「ランチタイムは猫の手も借りたいくらい」とうれしそうに言いました。

それを聞いて思わず、「手伝いに行ってあげる」なんて申し出たのです。

私は家業の野良仕事が大嫌いで、言いわけ程度の手伝いしかしていなかったため、時間はたっぷりありました。

働くことが決まるとワクワクしてきて、何十年ぶりかで服をあれこれ引っぱり出したり、髪をととのえたりしていました。

行ってみると、店の駐車場には見慣れない都会のナンバーをつけた車が停まっていて、続々と客が入ってきました。

家族連れやカップルもたくさん来ますが、辺鄙《へんぴ》な場所のためか、車やバイクで来る男性客が比較的多いようでした。

最初は、あか抜けている都会の人を目《ま》の当たりにして少し気おくれしましたが、従妹夫婦とお揃いのエプロンをつけると、いっぱしのウエートレス気どりでだんだんと楽しくなってきました。

日がたつにつれ、常連のお客さんと言葉を交わすようになりましたが、男性に話しかけられるとドキドキしました。

なにしろ二十歳で結婚して男性経験は夫だけだったし、よその男性と話す機会など皆無でした。おまけに周囲に残っているのは爺様ばかりです。

異性を意識しはじめると、化粧を覚えて慣れないスカートをはくようになりました。都会の人のファッションを、見よう見まねでとり入れたのです。

何もかもが新鮮で刺激的でした。

話をするようになった常連客の中でも、秘かにお気に入りリストに入れている男性が来るとテンションが上がりました。

いちばんのお気に入り男性は、三十五歳なのにアイドルみたいな顔をしていて、まるで芸能人と会ったようなトキメキを覚えました。

木枯らしが吹きはじめたあの日、その彼が温泉地からの帰りに立ち寄ってくれました。忙しいランチタイムが終わりかけたころでした。

彼は独身で、車で気ままにひとり旅をするのが趣味だと言いました。

「今日はこのあと、市内に一泊して市内観光をしてから帰るんです」

春に初めて来てくれて、顔を合わせるのは三度目でした。

「雪が積もる前に来たかったんです。冬は食べ物がおいしいから」

ちょうど客が引けていたので、いつになく長話ができました。じっと見つめられていると、体の奥がキューッと熱くなりました。

よその男性と接するようになってから、ときどきそんなふうに体がほてってしまうことがあり、そのたびにはしたない自分を恥じていました。

そのほてりが、遅すぎる性の目覚めだと自覚する術もなかったのです。

少しでも長くいてほしくて、従妹に内緒でコーヒーのおかわりを運んでいくと、彼が声をかけてきました。

「でも、ひとり旅ってときどきさびしくなります。よければ、あなたが案内してくれませんか？」

思いがけぬ誘いがうれしくて、とっさに言葉も出ませんでした。断るべきなのに、そうするのが惜しかったのです。

市内なんかあまり行ったこともなく、お客さんのほうが詳しいくらいなのに、それも言えませんでした。

私だって一生に一度くらいは夫以外の人とデートがしてみたい……そんな欲求がわき起こってきてしまったのです。

お会計のときに渡されたメモには携帯番号が書かれていました。私はそれを握り締め、ランチタイムが終わると同時にエプロンをはずして化粧を直しました。

店を出て、山道を少し下ったあたりで電話をかけました。

しばらくすると、カーブになった林の陰から彼の車が近寄ってきました。

罪悪感はありましたが、それでいて胸は高鳴り、寒さも感じなかったほどです。

周囲を見回してから、すばやく助手席に乗り込みました。

「うれしいなあ！　ほんとうに来てくれたんですね、時間は大丈夫ですか？」

ニコニコしながら運転している彼の横でうつむいたまま、うなずきました。ほんとうは大丈夫なんかじゃなくて、そのときになってあわてて家族に嘘のメッセージを送っていました。一世一代の勇気を振り絞ったのです。

「さてと、どの道で行こうかな」

迷っている彼に、少しでも家から離れた方角の道筋を指し示しました。

狭い車内空間では、相手の息づかいまで聞こえてきます。意識すると、下腹部のあたりがムズムズして、一人で勝手に頬を赤らめていました。

「おとなしいですね、気分でも悪いんですか？　無理言っちゃったかな」

引き返されたらいけないと、あわてて首を振りました。

「そんなことないわ。ただ、よその人と出かけるのに慣れていないだけよ」

彼は、そう言った私を不思議そうに見つめてきました。いい年をして何を言っているんだと思ったのかもしれません。

「日暮れが早いですね。おすすめの場所はありますか？　夜景なんかもいいな」

いつの間にか、見慣れた山並みを離れて市街地に近づいていました。夜景を見るにはまだ少し早い時間でした。

しばらくすると、車は建物の駐車場に入って行きました。

そこは彼が泊まるホテルでした。

彼はいったん、私を車に残してチェックインをすませにいきました。きょろきょろして待っていると、間もなく戻ってきた彼が、助手席のドアを開けました
「あなたも仕事帰りで疲れていますよね。少し休んでからまた出かけましょう」

促《うなが》されるまま車を降りてエレベーターに乗り、気づけば彼の泊まる部屋に入っていました。

近代的な作りのホテルは、木造の我が家とは違い、外気や音が完全に遮断されていて密室という感じがしました。

自宅から一時間足らずの場所なのに、とんでもない異国にでも来たような気分になっていました。

部屋の真ん中に立って見回していると、いきなり背後から抱きつかれました。

驚いて振り向くと、ぶちゅっとキスをされたのです。一瞬何が起こったのかわからずに頭の中が真っ白になりました。

夫との仲はよいほうですが、この年になると、夜の営みのときでさえキスなどしなくなっていました。

身動きできずに固まっていると、唇をこじ開けながら舌が入ってきました。

頭がのぼせたように熱くなって脚が震えだしました。

背中に巻きついてきた彼の手が腰やお尻に這い回ってくると、アソコがヒクヒク疼いてきました。

「ま、待って……私、そんな女じゃない。そんなつもりじゃないのよ」

なんとか彼の体を突っぱねましたが、「わかってますよ」といなされて、ベッドに座らされました。

優しくコートを脱がせてもらったときには、映画のヒロインにでもなったような気がして舞い上がってしまいました。無骨な田舎の男とは何もかもが違っていたのです。

年下のくせに、彼はだいぶ異性の扱いに慣れている様子でした。

「そんな女に見えないからこそひかれて、誘いたくなったんです」

好みの男性からそう言われてうれしくなってしまい、あらがう気持ちなど、きれいに吹き飛んでしまいました。

「私なんて、田舎のおばさんよ。都会にはたくさんきれいな人がいるでしょう」

照れ隠しにそう言うと、隣に座った彼の手が膝の上に伸びてきました。その手はゆっくりと、スカートの中に入ってきました。

「こんなに初心《うぶ》な女性はなかなかいませんよ。ほら、耳まで真っ赤にして」

太腿のすき間にねじ込まれた手でなで回されているうちに、拒《こば》み切れない気持ちよさが体じゅうを駆け抜けていきました。

カールした髪をかき上げられて耳たぶを吸われると、アソコがじんわり濡れてきたのがわかりました。

「ぼくは、こういうふくよかな女性が好きなんです。胸もお尻もすごいですね」

そんなところを見られていたと知って、ギクッとしました。昔の服を引っぱり出したらピチピチになっていたので、目立っていたのかもしれません。

恥ずかしさやうれしさがごちゃ混ぜになって、自分でもどうしたいのかわからぬまま、ベッドに押し倒されていました。

圧《の》しかかってきた彼に、胸をもまれました。体じゅうが敏感になっていて、思わず声を洩らしてしまいました。

「アウッ、ウウン、ハア、ハア、だめよ、アアッ、私……夫しか知らないの」

器用に動く指先で、パチンとブラジャーをはずされていました。

「ほんとうですか？　それは光栄だな。じゃあ、ぼくが教えてあげます」

彼は服を脱ぎ捨てると、私のセーターもまくり上げました。互いに剝き出しになった素肌がこすれて体温が直接伝わってきました。

人肌の温もりが心地よくしみ込むと、緊張が解けていくような気がしました。

セーターの下からはみ出した乳房を、彼はじっと見つめてきました。

夫以外の人で見せたのは、お医者さまだけでした。

「きれいなおっぱいだなぁ。旦那さんにしか見せないなんてもったいない」

彼は興奮気味に言って、もみながら吸いついてきました。

コリコリにしこった乳首を吸われると、とろけそうな快感が走りました。

「アッアァー、いやだわ、すごく感じちゃう。どうしましょう」

あこがれのアイドルが舐めつけてくる顔を見ているだけで、悦びが込み上げてきました。夫にされるのとは感覚がまるで違ったのです。

唾液でべとべとにされるほど、乳房は感度を増していきました。

「下も脱がせていいですか？　あなたのいやらしいところをもっと見せて」

そう言われて、心臓がバクバクしはじめました。

初めての夜を思い出したのです。

スルスルとスカートが脱がされて股間が露になると、自然に力が入って膝を閉じていました。彼は太腿をこじ開けながら笑いました。

「力を抜いて。なんだか処女とやってるみたいな気分になりますね」

遠い昔の初夜だけが、これまでの自分の人生で唯一の刺激でした。いつしかそれはただの習慣となって、たいした刺激をもたらさなくなっていました。子どもを産んでからはなおさら、あたりまえのように脚を開いたような気がします。

「あぁ、よく見える。あれ、もうこんなに濡れてるじゃないですか」

彼はそう言いながら、ふくらんだクリトリスを指でつついてきました。

「ハア、やっぱりだめ、恥ずかしいわ。こんなに明るいのに」

夫とするときはいつも明かりを消して、布団の中でまさぐられる程度でした。

「じゃあ、恥ずかしくないようにぼくも見せます。シックスナインしましょう」

とまどっているうちに、彼はパンツを脱ぎ捨てて、ベッドの上であおむけに寝ていました。力強く勃起したペニスが現れて、目が釘づけになりました。

五歳年上の夫は、最近めっきり弱くなってきていたので、彼のものがひどく大きく感じられました。

「アン、ちょっと待って。シックスナインって何？　どうすればいいの」

そう言うと、彼はあきれたような笑みをこぼしました。

「シックスナインも知らないんですか？　驚いた、これは教えがいがあるなあ」

体を逆向きにして顔の上を跨ぐように言われました。

「舐め合って、いっしょに気持ちよくなるんです」

言うとおりにしてみると、いやらしい形でそり返っているペニスが目の前に迫ってきて、自然と唾液がわきました。

「私、男のものなんか舐めたことないのよ。上手くできるかしら？」

そういうことをする女がいるのは知っていましたが、婿養子の夫は私に遠慮しているのか、一度もねだってきたことはありませんでした。

ためらっているうちに、熱を持った彼の舌先が、敏感な裂け目を這い回ってきました。

「ヒッ！　いやぁん、気持ちいいわ。アァン！　あんまり見ないでね」

恐るおそる目の前のペニスを握り締め、張り出した亀頭を舌でチロチロ舐めながら、しゃぶりつきました。

いざ口に入れてみると、思ったほど深く呑み込めず、あらためてその巨大さを感じました。

こんなに大きいやつがアソコの中に入ってきたら、いったいどれほど気持ちがいいかしら……想像しながら舐めていると、どんどん興奮してきました。

血管を浮き上がらせたペニスは口の中でさらに膨張してきて、何度も歯が当たってしまいそうになりました。

「ああ、気持ちいい！　ほんとうに初めてですか？　すごくじょうずですよ」

ほめられるとうれしくなって、髪が乱れるのもかまわずにいつしか夢中で舐め回していたのです。そんなことをしている自分にも酔いしれていました。

その間も、彼の舌は容赦なくアソコを責め立ててきました。

絶え間なく襲ってくる心地よさに腰の力が抜けてしまい、彼の鼻先にお尻を押しつけていました。

穴の中に指を入れられ、奥のほうまでかき混ぜられると、体じゅうの性感帯がザワザワしはじめました。

「そろそろ、入れてほしくなったんじゃないですか?」

そんなことを聞かれたことはありませんでした。アソコが濡れたらそれを合図に入れてもらえるものだと思っていたのです。

お尻を振ってごまかしていると、「答えてください」と口の中からペニスをとり上げられてしまいました。

「ひどいわ、そんなことを言わせるなんて。うっふん……入れて」

我慢できずに答えていました。

「じゃあ、おっきいお尻をこっちに向けて。真ん中に突き刺してあげますから」

ベッドに手をついて四つん這いにさせられました。汗が噴き出るほど、恥ずかしいポーズでした。

まるで、言いつけを守ってご褒美をもらう犬のようです。

屈辱的な気分を味わいながらも、ここまで来たら、いっそ、とことん堕ちていく自分を愉しんでみたいと思いました。

硬くて熱いペニスが裂け目の上に押しつけられてくると、自分から、お尻を振ってねだっていました。

腰に彼の指が食い込んできた瞬間、体の中心を引き裂くような勢いでペニスが入ってきました。

それは、かわいい顔をした彼のものとは思えぬほど、凶暴な感じがしました。

「ハヒッ、ウウン！　あぁ、壊れそうっ、いいわ、もっと奥までえぐって！」

相手が狂暴になると、こちらも大胆にふるまえるようになっていました。

穴の奥が激しく波打ち、ぬかるんだ田んぼが足を吸い込むみたいに、ズボッと深く、ペニスを呑み込んでいました。

「穴の中はさすがに処女じゃないな！　ぎゅうぎゅう締まって食いついてくる」

猛然と腰を振り立てる彼の動きに合わせて、ぶら下がった乳房を激しく揺らしていると、背後から回ってきた手できつくもまれました。

私は隣りの部屋を気にすることなく、叫び声をあげながら絶頂を迎えました。

送ってもらう車の中で、彼は必ずまた来ると約束してくれました。その日を待ちわびながら、今日もまた別の男性の前で体を疼かせています。

従妹の店は、いまや私のオアシスです。

# 乗り鉄が列車で遭遇した和服の妖艶熟女　閉店後の小料理屋で着物を脱がせた夜

佐野卓也　会社員・三十二歳

私は時間ができると、目的地も決めずに電車に乗って出かけます。世間で言われる「乗り鉄」というやつなのかもしれません。

あれは、今年の冬の初乗りの旅のときのことでした。

仕事を終えた週末、出発は夜になってからです。新潟から金沢へ向かう列車に乗った私は、四人がけの座席で五十代くらいの女性と向き合わせて座りました。

和服が似合うきれいな女性で、一般の主婦には見えませんでした。

私たちは会話もないまま、しばらく列車に揺られて静かに過ごしました。

なんとなくチラチラと目をやると、まるで女優さんのような美しさです。凛《りん》とした表情や、まとめ上げた髪の毛に色気があり、つい見とれてしまいそうになります。

やがてある駅に到着したとき、彼女は席を立って先に降りていきました。

ふと網棚に目をやると、彼女の忘れ物があることに気づきました。あわてて私も席を立ち、自分の荷物も抱えて彼女を追いかけました。

ようやく改札を出ようとしている彼女に追いつくと、「忘れ物ですよ」と背中に声をかけました。

「えっ？　あっ！　ありがとうございます」

驚いて振り返った彼女は、そう言って私に深々と頭を下げました。

しかし私が降りた列車は、金沢までの最終列車だったのです。あわてていてすっかりそのことを忘れていました。

「さっきの列車、たしか最終だったはずですけど……だいじょうぶですか？」

彼女もそのことに気づき、私のことを心配してくれています。

しかし私としては、特に予定がある旅でもないのです。なんとなく金沢に向かおうと思っただけなので、降りた先で宿を探せば問題はありません。

すると運がいいことに、彼女は地元でも顔がきく女性らしく、すぐに観光協会事務所に連絡をしてお得な宿を手配してくれました。

それだけではありません。彼女は私が泊まる宿の近くで、小料理店をやっているらしいのです。

「よろしければ、あとで私の店にいらしてください。ご迷惑をおかけしたおわびとお礼に、たっぷりサービスさせてもらいますから」

彼女からのお誘いを受けた私は、いったん宿に荷物を置いてしばらく体を休めてから、聞いていた店に行かせてもらいました。

店はとてもいい雰囲気の造りで、地元の常連さんで繁盛していました。

彼女は私を見つけるなり「いらっしゃい。来てくれたんですね」と、うれしそうにしていました。

カウンター席に通されて飲み食いしている間も、お客さんがどんどんやってきます。どうやら常連さんの中には、お店を切り盛りしている彼女が目当てのお客さんも多そうです。

ところがこの日はかなり寒く、いつの間にか外は雪が降りはじめていました。

降雪量の多い地域は積もるのも早く、常連さんも潮を引くように帰りはじめました。

本降りになったころには、残った客は私一人だけになってしまいました。宿はすぐ近くにあるので、多少雪が積もったとしても問題ありません。しかし店に一人だけというのも気まずいもので、私も席を立ちかけると「あら、せっかくいらしたんですから。もう少しゆっくりしていってください」と、引き止められてしまったのです。

さらにしばらくすると、もうお客さんは来ないだろうと、彼女は店を閉めてしまいました。あとは二人きりで飲みながら、ゆっくり時間を過ごしましょうとのことです。

次々に出されるお酒においしい料理と、抜群のサービスぶりでした。しかも美人の女将と向かい合って飲めるのだから申し分ありません。

「私ねぇ、いま独身なのよ。前の夫とはもう十年以上も前に別れて、それからずっと一人。言い寄ってくるお客さんは多いけど、もう一度身を固める気にはなれなくてねぇ……」

お客さんもいなくなり酔いが回ってきたせいか、彼女の口調も次第にくだけてきました。

彼女が結婚をしないもう一つの理由は、一人のお客さんとくっつくと、ほかの常連さんが店に来なくなるから。確かに彼女を狙っている男は多そうだし、客商売だと気を使うことも多くてたいへんそうです。

「でも……よそから来た人とだったら、ちょっとは火遊びをしてもいいかなって」

と、彼女がカウンターを出て、私の席の隣へ近づいてきたのです。

先ほどまでの彼女とは、明らかに様子が違いました。表情がやけに色っぽく、しかも私の太腿に手が伸びてきています。

「えっ、いや……こんなところで?」

「ちゃんと鍵は閉めてあるからだいじょうぶよ。たっぷりサービスをするって、言ってあったでしょう?」

あのときの言葉がまさかこんな意味だとは思いもしませんでした。

私がとまどっている間に、彼女の手は股間に到着しています。ズボンの上からさわる手つきはとても巧みで、それだけで私は勃起してしまいました。

「い、いいんですか？」

「たまには私も思いきりはめをはずしたいの。もちろん、あなたへのお礼が第一だから安心して」

こうなると私も黙ってはいられません。すっかり興奮したついでに、着物を着た彼女の腰を抱き寄せようとしました。

しかしその手を彼女は止め、自分の手も股間から離しました。

「ちょっと待ってて。この着物を脱ぐから」

これからというところで、お預けを食らったかたちです。

しかし目の前で一枚ずつ着物を脱ぐ姿を見せつけられると、その艶《あで》やかさに目を奪われました。

帯を解き、着物を開くと、その下には白い長襦袢を着ています。けっして急がずに脱いでゆくので、じらされている気分です。

彼女も私の視線を意識しているのか、表情に恥じらいを浮かべつつも、しっかり最後まで見せてくれました。

長襦袢の下は、なんとノーブラです。しかも下半身に目を向けると、こちらもやはりノーパンだったのです。

「そんなに驚かなくても。着物の下は下着なんて着けないのよ」

知ってはいたものの、実際に目にするとかなりの衝撃でした。もちろんうれしい意味で度肝を抜かれたのです。

胸の形は意外にきれいで張りがあります。体つきは三十代かそこらにしか見えませんでした。

そして股間には、かなり濃い目の陰毛が生い繁っていました。

まじまじと私がそこに目をやっていると、全裸になった彼女が私のすぐ目の前で屈み込みました。

「私が全部見せたんだから、お客さんのもよく見せて」

そう言って、イスに座っている私のズボンを脱がせはじめました。

ついさっき股間を手でさわってもらったときから勃起しっぱなしです。ファスナーをおろされ、ズボンと下着をまとめて脱がされたとき、ペニスが勢いよく飛び出しました。

「あらあら、お若いのねぇ。元気だこと」

彼女はうれしそうにペニスを眺めていました。匂いも確かめるようにクンクンと鼻を鳴らし、根元を持って顔に近づけます。

そのまま唇を大きく開き、すっぽりと咥え込んでしまいました。

いきなりのフェラチオに驚く暇さえありません。口の中に吸い込まれたとたんに、大きな快感が広がってきました。

さらに股間に深く顔を埋められると、すぐさま唇が上下に動きはじめました。

「おおっ……」

唾液の生温かさとペニスを伝う舌の感触に、ため息が出てしまいました。

ついさっきまで大勢の人がいた店内で二人きり。しかも全裸の女将が足元にひざまずいてフェラチオをしてくれているのです。

なんだか自分の身に起こっていることが、ほんとうに現実なのかと頬をつねってみたくなりました。

しばらくペニスを咥えていた彼女は、急におしゃぶりを止めて私を見上げてきました。

「もしかして、あんまり気持ちよくなかった?」

「いえ、そんな。全然そんなことはありませんよ」

こっちは体が溶けてしまいそうな快感を味わっていたので、思わずムキになって言い返してしまいました。

「よかった。久しぶりだから下手になってたらどうしようって不安だったの」

そう言って彼女がペニスを口に含み直すと、さらに濃厚なフェラチオが待っていました。

根元まで呑み込んで強く吸い上げ、舌の動きもより活発になりました。唇の上下運動も大きくなっています。

私の股間でペニスを頬張っている顔は、見るからにいやらしい表情です。フェラチオをするのを心から楽しんでいるかのような、そんな顔に見えました。

ただでさえ興奮していたのと、あまりの彼女の巧みさに、あっという間に快感が限界を迎えてしまいました。

「あっ、イクッ……」

私はイスに深く腰かけたまま、彼女の口に射精をしました。

突然のことだったのに、彼女はまったくあわてた気配もありません。落ち着いてペニスを咥えたまま、私が射精を終えるのを待っていました。

ようやく快感も引いてくると、彼女はゆっくりと顔を上げ、私が出したものをすべて呑み込んでしまったのです。

「すみません、なんか……勝手に口の中に出してしまって」

「いいのよ。若いんだから一度くらい出したってなんともないでしょう」

彼女の落ち着きっぷりは、これくらい何度も経験があると言いたげでした。実際、私のように我慢できずに果ててしまった男が、過去に何人もいたのでしょう。

そのまま立ち上がった彼女は、私のすぐ目の前にあるカウンターに腰をおろしました。

「ふふっ……じゃあ、私もそろそろ、気持ちよくしてもらおうかな」

と、大胆に大きく足を開いてみせたのです。

彼女の股間には、濃い繁みの奥にくすんだ色の割れ目がありました。

大きめのビラビラに、クリトリスもいやらしくはみ出しています。体臭とは違う甘ずっぱい匂いが、そこからただよっていました。

私は思わずごくりと生唾を呑み込みました。

雪国育ちの肌の美しさとはまったく正反対の、なまなましい性器の色合いです。その淫らさに、私の顔は引き寄せられていました。

「はああっ！」

私が股間に顔を埋めて舌を使いはじめると、彼女はカウンターの上で色っぽく喘ぎはじめました。

ついさっきフェラチオでイカせてもらったばかりなので負けてられません。少しでも気持ちよくしてやろうと、無我夢中で舐めてやりました。

「はぁっ、ああ……そんなところまで」

ビラビラをかき分けて、割れ目の奥まで舌を送り込みます。力を入れると簡単に舌先は膣の中にもぐり込んでいきました。

喘いでいる彼女は足を開いた姿勢のまま、倒れないように両手をカウンターの上に置いています。

それでもじっとしていられないのか、腰だけが小さく動いていました。感じるたびに、ピクピクと私の顔に向かって跳ね上がってくるのです。

彼女の声や、鼻先にある繁みの濃厚な香りで、私もかなり興奮をしていました。舐めるだけでは飽き足らず、クリトリスに吸いついて引っぱります。ついでに手を伸ばして胸のふくらみをもみしだきました。

「ああ……やっぱり男の人の手って、力強くてたまらないわ」

そう言って、胸をさわる私の腕をいとおしげになでていました。

やわらかくて張りのある胸の感触を楽しみつつ、私も頭の中ではそろそろ本番に移ろうかと考えていました。

私が顔を上げると、彼女も同じことを思っていたようです。

「あら、もう我慢できなくなったの?」

私の返事を聞く前に、彼女はカウンターを降りて背中を向けました。

そのままの姿勢でカウンターに手をつき、お尻を突き出してきます。どうやら立ったままバックで私を迎え入れるつもりのようです。

なんとも色っぽい格好です。美しいお尻の形もさることながら、その奥に見えている性器の卑猥さがたまりません。

すでにペニスが回復していた私は、すぐさま挿入しようと彼女のお尻に近づきました。

「遠慮せずにどうぞ。私はいつでもだいじょうぶだから」

私の動きを察した彼女が、こちらを振り向かずに言いました。

まずは腰を抱えてペニスをお尻の谷間に押し当てます。うまく割れ目の位置に角度をつけたところで、グッと腰を突き出しました。

彼女も入りやすいように協力してくれたからか、難なく挿入することができました。

「ああんっ……！」

最初の一突きで、彼女は甲高い声を出しました。

入れてみるとなかなか具合のいい締まりです。深く腰を押しつけながら、穴の奥の感触をじっくり味わいました。

「ああ、こんなの久しぶり……もっといっぱい抱き締めて」

彼女の声にこたえて腰を抱き、さらに体を密着させました。やわらかなお尻を押し潰すように、根元までペニスを埋め込みます。

そうして腰を動かしはじめると、たちまち私も快感に溺れてしまいました。

入り口から続く熱い肉が、ペニスをぬるぬるとこすりつけてきます。抜き差しをするたびに、気持ちよさで腰が砕けそうでした。

「あっ、お客さん。もう少し優しく……」

気づかないうちに、彼女を抱く腕に力を入れすぎていたようです。言われてあわてて手をゆるめました。

「すみません。あんまり興奮していたものだから、つい」

「いいのよ。ほんとうは私も、激しくされるのは嫌いじゃないの」

彼女は私を挑発するように、振り返って熱い眼差しを送ってきます。その顔はまるで、もっと激しくしてほしいと言っているかのようでした。

試しに強く腰を打ちつけてみると、彼女はそれまでよりも大きな声で「あんっ!」と喘ぎはじめました。

「あっ、ああんっ! ダメ、そんなにされたら、ああっ……」

口とは裏腹に、身悶えが大きくなってきました。それに加えて背中にいる私に向かって、先ほどの意味ありげな眼差しを再び送ってくるのです。

きっとそうすれば、もっと激しくしてもらえると思ったのでしょう。

私はその期待にこたえて、さらに勢いをつけてペニスを送り込みました。するとますます彼女は乱れ、きれいに結い上げてあった髪の毛まで崩れてきました。

その姿を見ていた私は、列車で出会った凛とした女性がこんなにも豹変してしまうことが信じられませんでした。店で愛想よくしてもらっていた常連さんたちも、まったく想像ができない姿でしょう。

私も一度発射したばかりでありながら、快感に耐えられなくなってきました。

「ああ、イキそうです……」

たまらずにそう口にすると、彼女は喘ぎながらお尻を押しつけてきました。

「抜かないで……お願い!」

自分の中で射精をしてほしいと、そうお願いをしているのです。

私はもう我慢できませんでした。最後は彼女のお尻に密着しながら、膣内で発射してやりました。

射精が終わるまで、彼女の背中の上で力を抜いたまま、大きく息を吐き出しつづけました。

「ちゃんと満足してもらえたみたいね」

「はい、すごくよかったです」

体が離れてしまうと、彼女は元の女将の表情に戻っていました。先ほどの乱れようとは打って変わって、落ち着いて私のあと始末や衣服の乱れを直してくれました。

その晩は宿で一夜を明かし、翌日にはお別れの挨拶をしに再び店に顔を出しました。

「もう帰っちゃうなんて、さびしいわ。またいつでも遊びにきてね」

別れ際にディープキスまでしてもらい、このまま店を去るのが名残惜《なごりお》しくなってしまいました。

何度も列車の旅をしてきましたが、あんな体験は一度きりです。あの夜の彼女の乱れた姿は、いまでも深く目に焼きついています。

# 保養所の管理人を務める完熟美女の告白
# 若い社員の硬肉竿を優しく包み込み……

里中みずほ　保養所管理人・五十八歳

山陰地方の某所で、ある有名企業の保養所の管理人をやっています。

宿泊費が安いのはもちろんですが、きれいで、しかもスキー場に近いので、冬になると若い社員たちが大勢やってきてスキーやスノボを楽しんでいます。

私は地元生まれですが、この保養所の管理を任されて、もう三十年近くたちました。経理担当の人や、料理を作る調理師さん、清掃などの雑務をする女性など十人近くのスタッフがいるのですが、その人たちと力を合わせて、この保養所の運営をしています。

といっても田舎の保養所です。堅苦しさはいっさいなくて、とても家庭的で親しみのある施設で、私はそのなかの「お母さん」のような存在だと思っています。

少し離れていますが、安来節《やすきぶし》で有名な土地があり、そこはドジョウ料理が名物なのですが、うちで働いている調理師さんもドジョウ料理が得意で、それを楽しみにくる人もいます。

会社は東京と大阪、名古屋にあるのですが、顔なじみの社員も多くて、ここに来ると故郷に帰ってきたような気分です、なんて言ってくれる人も大勢います。

社員の顔も覚えるし、新入社員のころを知ってる社員さんが重役になったなんて情報も耳に入ります。「あいつ、部長になりましたよ」なんて聞くと、ほんとうに母親みたいな気持ちでうれしくなります。だから若い社員への思い入れは特に強く、なかでも新入社員さんと出会うと、つい熱心に世話を焼いてしまうのです。社員さんたちも私のことを「みずほさん」と下の名前で呼んでくれます。私自身は結婚はしていますが子どもがいないので、そんなふうに言われると、なんだかひときわ情がわいてしまいます。

これは数年前の冬の話です。その年、真っ先に泊まりに来たのは全員が二十歳代の若いグループでした。知ってる顔もありましたが、何人かはその年の春に入ったばかりの新人さんでした。その中の一人が高田《たかだ》君です。

男女合わせて十人くらいのグループだったのですが、イケメンの高田君はかなり目立ってました。でも性格はおとなしくて控え目で、先輩たちの言うことに黙って従うタイプで、一人でみんなの荷物を運んだり、夜の宴会では女性先輩にも気を使ってお酌したりしていました。いまになって思えば、そういうけなげなところに母性本能をくすぐられたのだと思います。

とはいえ、十人となると私も忙しくて、なかなか一人一人の相手をしている余裕はありません。高田君のことも、ああ、かわいい新人が入ったんだなあと遠くから眺めているだけでした。

ところが、思いがけないことになったのです。

それは二日目のことでした。みんなでスノボを楽しんでるはずの時間に、高田君だけ先輩の車に乗せられて保養所に帰ってきたのです。転んで怪我をしたというのです。一人では歩けない高田君を置いて、先輩は「みずほさん、あとはお願いします」と言って戻っていきました。

私はどうしていいかわからず、ともかく病院に行ったほうがいいと思って救急車を呼ぼうとしました。

「ありがとうございます。でもそんな大袈裟なことしなくても大丈夫ですよ。ただの捻挫ですから、寝てれば治りますから」

私に心配させまいとするように、彼は笑顔を見せます。ほんとうに性格のいい子だなあと思いました。こういう子は苦労も多いんだろうなあ、なんて、よけいなことを考えてしまうのが私の悪いくせです。だったら、この際、このかわいい新人君と仲よくなってやろうと開き直りました。もちろん、だからといって、そのあとの展開はまったく想像もしていないものでした。

とりあえず湿布をしてあげて、それから飲み物を持ってきたり話し相手になったりしてあげているうちに、高田君も打ち解けてくれました。そういうのってとても珍しい経験なので、私は知らずしらずのうちに舞い上がってしまい、なんだか高田君のことを自分の思いどおりにできるような気がしてきました。

だから彼がトイレに行きたいと言い出したときも、あたりまえのように手伝ってあげると言ったのです。

「だって、松葉杖がないから仕方ないでしょ。私の肩を貸してあげるよ」

「いや、でも、それはちょっと……」

「何モジモジしてるの？　同僚の女の子なら恥ずかしいだろうけど、私はこんなおばさんだし、東京に帰ったらもう会わないんだよ。ほら、立って」

いかにもなんでもないことのように明るくそう言って、高田君を立たせました。でもほんとうのことを言えば、二人でトイレに行って、それからのことを頭の中に思い浮かべてドキドキしていたのです。

長い廊下を二人で体を密着させて歩き、やっと男子トイレに着きました。でも中に入ると彼は困った顔をしました。連れてきてもらったのはいいけど、実際どうやっておしっこすればいいかわからない様子です。

「私の肩につかまったままでおしっこすればいいわよ」

「やっぱり、それはちょっと……」

とまどっている高田君を、私はむりやり便器の前に立たせました。便器の前に二人並んで立ってるのはヘンな感じですが、仕方ありません。彼は左手を私の肩に回したまま、じっとしています。私は気がつきました。

あ、そうか。男の人は、おち○ちんを出さないとおしっこできないのか。そして、おち○ちんを出すには両手を使わなきゃならないんだ。

「ほら、手伝ってあげるよ」

そう言ってパジャマの前に手をやりました。高田君はもう尿意が限界だったのか、素直に私と二人の共同作業でパジャマの前のボタンをはずし、パンツの中からおち〇ちんを出しました。生まれて初めての経験に、私はドキドキしました。なかなかうまくいかなくて、もぞもぞしているうちに、ようやく出てきたおち〇ちんは、なんだか少し硬くなってる気がしました。もしかしたら、二人でもぞもぞしてるうちに感じてきたのかな？　そう思っていると、おち〇ちんの先から勢いよくおしっこが飛び出しました。生まれて初めて見る男性の放尿に、思わず見とれてしまいました。

仮性包茎というのでしょうか。完全に剝けてるのではなくて、少しだけ皮がかぶっていて、なんだかすごくかわいいおち〇ちんです。なのに、おしっこはすごく勢いよく飛び出しています。

「み、見ないでください……」

「見てないわよ」

嘘です、しっかり見てました。目が離せなかったのです。生まれて初めて見る男性の放尿が、お気に入りの高田君のおしっこなのです。見るなと言うほうが無理です。

ずっと見ていると、なんだか少しずつ硬さが増してるようにも見えました。え？　もしかしてこの子、見られて興奮してるの？

いけないと思いながらも、私は思わず指先で握って、その硬さを確かめました。

「あ、だ、だめです……さわらないで」

「いいからいいから。ねえ、終わった？　全部出た？」

そう言いながら硬さを確かめると、やっぱり勃起しているようです。

「は、はい。終わりました」

最後にチョロッと飛び出すと、おしっこは止まりました。

「男の人は、終わったらこうやって振るんでしょう？」

私はおち〇ちんをつまんだまま、プルプル揺らしました。しずくが飛び散ります。そういうのを見るのも初めてでした。

「なんか、すごく恥ずかしいです」

高田君は、いまにも泣き出しそうな顔です。かわいい。私、無意識のうちにおち○ちんを握って、ゆっくりこすりはじめていました。

「え？　な、何してるんですか？」

あたふたする高田君がかわいくて、ますます手を速く動かしました。

「いいからいいから」

「いや、でも、その……」

一度手に入れた宝物は二度と手離したくない、そんな気持ちでした。それに、この年齢になって若い男性のおち○ちんにふれるなんて、きっともう二度とないチャンスです。離すものかと思いました。

「恥ずかしがらなくていいのよ。せっかくのスノボができないんだから、かわりにというのもなんだけど、おばさんが楽しませてあげるからね」

「え、楽しませるって？　でも……」

どぎまぎしてどうすればいいかわからないという感じの高田君ですが、そのわりにはおち○ちんはどんどん勃起してきて、気がつくと、黒い陰毛の中からきれいな色のペニスが完全に上を向いてそそり立っていました。

「あらあら、立派じゃないの。顔に似合わずすごく逞しいんだね。ねえ、彼女いるの？ このおち○ちんで感じさせてあげてるの？」

「い、いません」

「いないの？ じゃあ、どうやって性欲処理してるの？ 風俗？」

「そういうのは行かないんです。お金もかかるし……」

「じゃあ、自分で？ 自分の手でシコシコするの？ こうやって？」

つい手を上下に動かすと、高田君は「うっ」とうめいて身をよじります。ああ、すごく敏感なんだ、この子。私はとってもうれしくなって、さらにこすり上げながらキスしました。高田くんは最初いやがっていましたが、おち○ちんをしごかれて感じてきたのか、やがて私の唇を吸いだしました。舌を入れると、自分の舌を絡めてきました。なんだか恋人みたいなキスでした。

なおもしごいていると、高田君は本気で感じてきたようで、私にしがみついてきました。

「気持ちいいの？ 気持ちいいね、いっぱい感じていいよ、ほら、シコシコしてあげるからね。強さと速さはこれくらいでいいの？」

「は、はい。すごく気持ちいいです……」

すぐにおち○ちんの先っぽから、おしっこではない液体が溢れてきました。それを指先につけて亀頭にぬりぬりすると、高田君は体をビクビクさせて感じています。私もすっかりうれしくなりました。

「ねえ、お口でしてあげようか？　おしゃぶりしてあげるね。いいでしょ？」

「はい……して……ください」

私はしゃがんで高田君のパジャマとパンツを足首までずりおろすと、先端が濡れ光っている若いおち○ちんに舌を伸ばして味わいました。そしてそのまま口に入れました。高田君が甘い息を洩らします。口の中で舌を動かして味わうと、それはさらに大きく硬くなってきました。

あのときの感触が、いまも口の中に残っています。フェラチオなんてもう何十年ぶりでしたが、そんなに年の差のある男性のおち○ちんは、もちろん初めてでした。さっきおしっこしたばっかりのそれは、ちょっと匂いがしましたが、少しも汚いとは思わなかったし、むしろ興奮している私がいました。

「どう？　一人でするより気持ちいいでしょ？」

「は、はい。すごくいいです……夢みたい」

「お汁がいっぱい溢れてきたよ。全部吸いとってあげるね」

ストローで吸うみたいにしてそれを吸い上げ、ペニスに唾液をまぶすように舐め回し、タマタマも一つずつ口に入れて、高田君のアソコを全部味わいました。

そうしているうちに、私のアソコがびっしょりになってるのがわかりました。パンツが冷たくなって貼りついている感じがします。口に入れているおち○ちんを、今度は下の口で食べてみたくてたまりませんでした。

「ねえ、私も我慢できなくなっちゃった」

そう耳元でささやきました。

最初は壁に両手をついて、後ろから入れてもらおうと思いました。でも、それだと捻挫している足に負担がかかると考え直しました。そうなると、あとはもう一つしかありません。

私は男子トイレの外に「清掃中」の札を下げました。そのトイレは宿泊客用なので館内にいるスタッフが入ってくることはほとんどありませんが、いちおう、念のためにそうしておいたのです。

それから私は個室のほうに入って、高田君を、蓋をしたままの便器に座らせました。股間からは活きのいいおち○ちんが真上を向いてそそり立っています。それを見るだけでも頭がボーッとしてきました。

「いい？　おばさんが気持ちいいことしてあげるからね。スノボできなかった分、ここで楽しもうね」

「は、はい……」

私はスカートをまくり上げて下着を脱ぎました。最近すごく太ってきて、むっちりとした下半身が恥ずかしかったけど、それよりももう自分の欲望に歯止めがききませんでした。目の前に我慢汁をにじませた若いおち○ちんがそそり立ってるし、高田君は期待の目で私を見上げているのです。

私は彼の下半身を跨ぐと、おち○ちんを握って自分のアソコにこすりつけました。ぬるぬるの亀頭で割れ目を押し広げてクリトリスを刺激すると、思わず腰が砕けそうなくらいな快感が走り、つい、声をあげてしまいました。

「いい？　あなたのおち○ちんを、おばさんのここに入れるからね」

「え？　ほんとうにいいんですか？」

「あなた、入れたくない？　こんなにビンビンになってるのに、入れたくないの？ おち○ちんは入れたいって言ってるよ」

「い、入れたいです！」

「でしょ？ オナニーばっかりじゃつまらないでしょ。せっかくこんな立派なもの持ってるんだから、たまには女の人に入れてあげなきゃ」

自分でもなぜそんな言葉がスラスラ出てきたのかわかりません。でも、そんなことをささやいていると、高田君はまるで催眠術にかかったような顔をして、うんうんとうなずきました。

「さあ、入れるよ。高田君のおち○ちんがおばさんのアソコに入っちゃうんだよ。よーく見てて」

久しぶりの挿入は、すごい圧迫感でした。ここ何年もそういうことをしていなかったので、もしかしたら窮屈になっていたのかもしれないけど、大きなおち○ちんが入ってくると、なんだか壊れそうな感じがしました。でもそれがドキドキで、どんどん濡れてくるのがわかりました。

「ああ、若い人のはすごいね……こんなふうな入れ方しても、全然ビクともしないし、なんか、中でますます硬くなってくる感じ」

実際そうでした。私のアソコの圧迫感を押し返すように、おち〇ちんは硬く逞しく自己主張してる感じでした。若い男性の性器ってこういうものなんだと、あらためて感心してしまいました。

「こんなすごいものを持ってるのに、一人でしてるだけなんてもったいない。周りの女子社員は見る目がないんだね。こんなおばさんが先に味見させてもらって、なんだか申しわけないな」

それは正直な気持ちでした。もしかしたら、いっしょに来てる女子社員の中に高田君の彼女になる子がいるかもしれない。でも、その子よりも先に私が彼のおち〇ちんを味わっているんだと思うと、とても幸せな気分でした。

「ああ、入っちゃったね」

すっかり収まると、またキスをしました。

「入りました……すごくキツイです」

「ほんと？　おばさんのアソコ、気持ちいい？」

「気持ちいいです、オナニーとは全然違います。ぼく、まだあまり女性とこういう経験なくて、よくわからないけど、すごく締まるんですね」

「そうよ、女性のアソコはこんなに締まるんだよ。気持ちいいでしょ？　ほら、こうすると、もっと感じるよ」

そう言って腰を動かしました。

前後左右にお尻を揺さぶると、高田君は情けない声で喘ぎながしがみついてきました。さらに上下に動くと、もっと大きな声をあげました。少し体を離して、二人が合体している部分を見ると、黒々とした陰毛の生えた私のアソコに、若々しくて艶のある高田君のおち○ちんが突き刺さり、出たり入ったりしているのが丸見えです。とても卑猥な光景でした。

「見て、入ってるよ。私たち、いまひとつになってるんだよ」

「すごいです……信じられないです」

そんな言葉を繰り返しながら、必死で歯を食いしばっている高田君がとてもかわいい。その高田君の両手で私の大きなお尻を握らせました。

「いい？　こうやってお尻をつかんで、思いきり揺さぶってみて」

「揺さぶるんですか？」

「そう。ワイルドに動かしてみて。女の人はそういうのが好きなんだから」

「こうですか？」

高田君は言われたとおりに私の体を前後に揺らします。動くたびにおち〇ちんがいろんなところを刺激してきて、私はだんだん頭がボンヤリするくらいに感じてきました。

すると高田君も同じようにおち〇ちんが私のアソコの中でもみくちゃにされて、感じまくってしまったようです。

「あ、だ、だめです。ぼく出ちゃいそうです……」

ああ、かわいい。出ちゃいそうなんて言われるなんて思わなかった。私がいま、高田君を追い詰めて射精させようとしてるんだ。そう思うと、すごい優越感の中で快感が一気にふくれ上がるのを感じました。

「イクの？　白いの出しちゃうの？」

「はい、出します……もうダメ、我慢できません！」

「いいんよ、中で出して。このまま中でピュッピュするんだよ」

「いいんですか、中に出して平気なんですか？」

「平気よ、いっぱい出しなさい！」

激しく腰を振ると便器がギシギシ音を立てました。その音を聞きながら、高田君の体を思いきり抱き締めると、やがて奥のほうで、勢いよく精液が噴き出るのがわかりました。すごい量でした。こんなに出るんだと思うくらいです。それを感じながら、私のほうも何年ぶりかのエクスタシーを感じていたのです。

アソコからドロリと溢れた精液をトイレットペーパーでふきとりました。恥ずかしいのか目を合わせようとしない高田君が、おち○ちんの先っぽをふこうとしているので、私はひざまずいておしゃぶりをしてきれいにしてあげました。

「スノボはできなかったけど、こっちも楽しいでしょ?」

「はい、こっちのほうがよかったです……」

恥ずかしそうに答える彼に、あらためて恋人みたいなキスしました。

夜になってほかの社員たちが帰ってきて、また宴会が始まりました。高田君は捻挫しているので隅っこでニコニコしていましたが、ときどき私と目を合うと照れくさそうに目を伏せました。そんな高田君は、あれから来なくなりました。でも、いまも会社でがんばっているという噂は聞きます。そのうち出世したら、きっとまた来てくれるんじゃないかと、私は毎年冬を楽しみにしているのです。

第四章

# 新たな快楽を求めて 旅立つ淫蕩な人々

# ソロキャンプ中に助けた素敵な奥さん！二人きりのテントで互いの性器を温めて

中山文和　飲食店従業員・三十五歳

いまのようなブームになる以前から、ぼくはソロキャンプを趣味にしていました。大勢でワイワイやるのは肌に合わず、ちょっとカッコつけるみたいですが、一人静かに自然に向き合っているのが好きなのです。

まあそんな人間嫌いみたいな趣味なので、おかげでこの数年彼女もおらず、三十代半ばになっても独身なんですが……。

ある冬のことでした。

その夜もぼくは、一人でキャンプ場にいました。小さな無名のサイトで、ブームに乗った騒がしいにわかキャンパーたちもやってこない穴場です。澄んだ星空の下、炙《あぶ》った燻製《くんせい》やチーズを肴《さかな》に、とっておきのウイスキーを傾けるのはこの上ない楽しみでした。

　すると突然の足音が、静けさを破りました。雑木林の奥から、女性が一人、とぼとぼとこちらに近づいてきます。ほっそりした肩はガタガタ震え、唇も真っ青でした。

「ああよかった……人がいた。す、すみません……私、向こうでキャンプしている者なんですけど、た、助けていただけませんか？」

　やれやれ、またか。

　いるんです、ときどきこういう人が。メディアにあおられてろくな準備もしないで冬キャンプにやってきて死にかけるタイプです。放っておくと冗談抜きに死んでしまうので、ぼくはすぐに彼女をテントに招き入れました。

　ぼくのテントは中でストーブも焚《た》ける本格的な冬仕様の大型のもので、内側は汗ばむくらいに暖かです。カップ麺とウイスキーのお湯割りで体を温めてやると、血の気のなかった彼女の顔色もすぐに回復してきました。

　話を聞くと、彼女の名前は昌美《まさみ》。年齢は四十七歳の主婦とのことでした。

「初めてソロキャンプに来たんですけど……でも、焚き火は全然火がつかないし、テントに入っても寒くて寒くてどうしようもなくて……」

思ったとおりの無謀な素人キャンプでした。着ているジャケットはシャレてはいますが、およそまともな防寒着とはいえず、この様子ではテントもろくなものではないでしょう。

「とりあえず、今夜はここで泊まってください。今夜は軽く氷点下になります。暖をとれないと命が危ないですから」

「ありがとうございます。ほんとうに、なんてお礼をしたらいいか……」

昌美はそう言って、何度も頭を下げました。

灯りの近くでよく見ると、昌美はぼくよりひと回りも年上のオバサンながら、細面《ほそおもて》のなかなかな美人でした。灯油ランタンの柔らかな光のおかげもあって、濡れ髪からほんのりと色香ただよう美熟女です。

ぼくたちは並んでくつろぎ、ウイスキーのお湯割りをちびちびすすりながら、自然に身の上話をしました。

「最近、子どもが手を離れたので、一人の時間をちょっと冒険してみようと思って。それで情報サイトで見たソロキャンプに挑戦してみようと思って……」

「それはちょっと無謀でしたね。せめて、ご主人といっしょならまだしも」

昌美はくすりと笑って、首を振りました。

「まさか。この歳で夫と旅行なんて考えたくもないわ。もう何年も、まともに口も利いてないんですもの」

「へえ、こんな美人の奥さんをほっとくなんて、悪い旦那さんだ」

照れくさかったのか、昌美の顔がぽっと赤くなりました。

「このテント、とっても暖かいんですね。酔ったのかしら、なんだか暑くなってきちゃった……」

昌美はいきなり、着ていたダウンジャケットを脱ぎだしました。下はぴったりしたタートルネックのニットセーターでした。防寒性能はお粗末ですが、昌美のバストラインを強調するには申し分ない衣服です。

昌美は細身なのに、ニットの下のおっぱいは予想よりはるかに豊満でした。ぼくは思わず目を奪われ、ゴクンと生唾を呑んだほどでした。

こりゃたまらんな。周囲に誰もいない冬のキャンプ場で、テントの中にこんなエロボディの美熟女と一夜を過ごすのです。ぼくの下半身のオスの部分が、ムクムクと頭をもたげてくるのが自分でもわかりました。

しっとりと濡れた目で、昌美はぼくを見つめてきます。

「こんなところで火もおこせて、お料理もできて……あなたみたいな逞しい男性、ウチの旦那よりよっぽど素敵……」

気がつくとぼくは、昌美を抱き寄せて、唇をむさぼりながらその巨乳を荒々しく握りしめていました。

「んん……んんっ……ふぅんっ」

昌美は拒むどころか、甘えた鼻息を洩らし、自分から舌をぼくの口の中に絡めてきます。ぱっと見、清楚そうなアラフィフの人妻なのに、昌美はかなり性欲旺盛なタイプのようです。

ぼくは昌美のニットと、さらにその下のスポーティなブラジャーをめくり上げました。昌美のおっぱいは年齢なりに垂れ気味ではありましたけど、握ると手のひらからつき立てのお餅みたいに溢れ出るボリュームです。

大きめの乳輪の中心では、すでに乳頭がピンと突き立っています。指先でその突起を愛撫してやると、昌美は肩をビクビクふるわせて反応します。

「あふっ、ああ……やぁん。いい気持ちぃ……」

「すごいね。大きくてエッチなおっぱいしてるんだ」

ぼくは昌美の敏感な乳首を思いきり吸ってやります。昌美はとろけそうな吐息を洩らします。

「はああん、だめよぉ……おっぱい責められると、スイッチ入っちゃう……」

ぼくは昌美の手を、自分の股間に導きました。そこはすでに、ズボンの中でパンパンに突っ張っていました。

「ほら、ぼくのもこんなになってるよ」

「あん、すごい。もうこんなに……」

ぼくはズボンをおろして、すでに青筋立ててフル勃起になっているモノを昌美の眼前にさらしました。

昌美はうっとりと、そのそり返ったジュニアを見つめます。

「やだ、すごい……こんなにギンギン。やっぱり若い男の人って逞しいのねえ」

しっとりと汗ばんだ昌美の温かい手が、さわさわとぼくのそこをなでさすってくれます。彼女もなく女に飢えていたぼくのナニにとっては、それだけでもたまらない心地よさでした。

「いいよ、もっとさわって……」

「ああん、もうガマンできない」

言うなり、昌美は自分からぼくの股間に顔を寄せ、亀頭の先端かられろれろと舐め回してくれるのです。

「あー、それいいよ。たまんないよ」

清潔感のある外見から想像もしませんでしたが、昌美はかなりのテクニシャンでした。まるでプロのような巧みな舌づかいで、昌美は亀頭からタマ袋の裏まで、入念にねぶり回してくれます。

感じるポイントを刺激されるたびに、ぼくのジュニアはますます硬くいきり立ってしまいます。

ちゅぷっと音を立てて、昌美はぼくの勃起を口の中に頬張っていきます。

「おお……っ」

昌美の口の中は唾液で溢れて温かく、うごめくベロは絶え間なくナニを愛撫しつづけます。たちまち絶頂寸前になってしまったぼくは、悲鳴のような声をあげます。

「奥さん、そ、そんなにしゃぶられたら、出しちゃうよ……っ」

いいのよ、このまま射精して……。昌美はフェラしながら目でそう伝えて、何度もうなずきます。

ぼくは快楽に身を委《ゆだ》ね、下半身の緊張を一気に解きました。

「あー、出る、出る、出るよっ……」

次の瞬間、ぼくのナニからビュビュゥッと精子が噴き出します。

昌美はその勢いに驚いたように一度ビクンと体をふるわせましたが、けっしてぼくのアレから口を離すことなく、噴出する精液を口と舌で受け止めてくれました。

しばらくぶりの自慰以外の射精の快感でした。

こってりと大量に出たぼくの汁を、昌美はごくんと飲み込んでしまいます。

「ごめんね、口に出しちゃった。我慢できなくて……」

謝るぼくに、昌美は優しく微笑みました。

「命を助けていただいたんだもの。こんなことでお礼になったかしら……でもちょっとびっくりしちゃった。やっぱり体力ある男性って、アレもたくさん出るんですね」

別にこんなワンチャン目当てだったわけではないんですが、やはり人助けはするものです。まさかこんなスケベ美熟女と巡り合うとは……。

しかしせっかくのご縁です。この一発で終わらせるのももったいない話です。

ぼくは、ぐいっと昌美の細身の体を抱き寄せました。

「申しわけないなあ、ぼくばかりイッちゃって。奥さんも、もっと感じたいんでしょ？　まだまだ夜は長いし、楽しみましょうよ」

「あんっ、私は、そんなに……ああ、どこさわってるのぉ……そんな……」

言うまでもなく、ぼくはズボンの上から熟女の股間をこちょこちょとくすぐっています。昌美が感度抜群の体をしているのはとっくにお見通しです。

私は昌美のズボンのベルトをゆるめ、その中へと手を差し入れました。

防寒用のタイツ越しにも、昌美のアソコは湯気がたつほどムレて熱くほてっているのがわかります。

「ああ、もうじっとりしてるよ、奥さん。ぼくのをしゃぶりながら、興奮しておもらししてたんだ」

「ああん、そ、そんなところ……困るわ、恥ずかしいっ」

昌美はなまめかしい声をあげ、下半身をうねうねと波打たせます。タイツの上から敏感な部分を指でクリクリしてやると、昌美はグンと首をのけぞらせて、

「んああっ、あひいいっ、ああーっ、だめだめ、おかしくなっちゃうっ！」

と激しい声をあげるのです。

ぼくはさらに大胆に、タイツの奥にあるパンティの内側にまで指を忍び込ませます。もっさりと茂ったアンダーヘアの向こうに、すでにぐしょ濡れになっているマン肉が疼いていました。

「おおっ、思った以上のグチョ濡れじゃないか、奥さん。ほら、もうこんなにとろけてスケベ汁まみれで……クリもコリコリだ」

「いやあああんっ、そこだめよぉ。ほじくっちゃだめぇ……あああーっ、そんなにホジホジされたらイッちゃうっ、おま○こイッちゃうっ！」

昌美の割れ目はすでに溶岩のように熱い肉汁まみれで、ぼくの太い指も難なく呑み込んでしまいます。ぐちゅぐちゅと中指を出し入れしてやると、昌美はぼく

の腕にしがみついて喘ぎます。

「ひぃーっ、ほっ、ほじらないでぇっ！　溶けちゃう、溶けちゃう……あっあーっ！」

小刻みな指ピストンに、昌美は歯を食いしばり、ピンと全身を突っ張って、いまにも達しそうです。

ぼくは直前でペースを落とし、昌美の耳元にささやきました。

「どうなの、奥さん？　このまま指でイキたい？　それともチ〇ポがいい？」

「ああ、チ〇ポぉ……チ〇ポがいいのぉ。チ〇ポ入れてぇ……カチカチのチ〇ポでイキたいのぉ！」

だらしないアヘ顔で、昌美はぼくに懇願します。

ぼくはズボンと肌着をむしりとるようにして昌美を裸に剝き、いつの間にか再充電が完了しビンビンにそそり立った股間のモノを、昌美の割れ目にあてがいます。

昌美も自分から大股をおっ広げ、「早くぅ、早くぶち込んでちょうだい！」と哀願してきます。

さっきからぐちょぐちょのホカホカになっている昌美のアソコに、ぼくは遠慮なく生チ〇ポを押し込んでいきました。

おお……粘膜で直接感じる昌美の内部は、やはり格別でした。

テント内は十分に暖気を保っているとはいえ、外は氷点下の寒さです。それだけに、熟女の胎内の熱さがよけいに強烈に感じられるのです。

アラフィフ女性のおま〇こなんてガバガバかもと想像しないでもなかったのですが、昌美のそこは若い女性にも劣らない、すばらしい密度と吸着でした。

ゆっくりと出し入れすると、上下からねっとりとカリを包むヒダヒダが絡みついて、思わず「くぅーっ」と声が出てしまうほどです。

「すごいぃ、カチカチのチ〇ポ入ってるぅ！　すごいすごいっ、こんなの久しぶりだわぁっ……あぁーっ、若いチ〇ポ最高っ！」

「奥さん、めっちゃ気持ちいいよ。ああ、めちゃくちゃ締まる……やべえ、腰止まんねえや」

ぼくは昌美の上にのしかかり、欲望のままジュニアを暴れさせます。

ずりっ、ずりっとぼくのモノが昌美の膣内をこすり上げるたびに、言葉を失う快感が迸《ほとばし》ります。

昌美ももちろん、ぼく以上の快楽にひたりきっているのでしょう。

「あっ、あっ、あっ、うっ、うっ、もっ、もっとっ、もっとして、くださいっ！　あーっ、なんて逞しいのっ！　どっ、どうか、なっちゃうっ！」

ピストンに揺すられながら、息も絶えだえに叫びつづけます。

真冬の大自然の中で、見知らぬ若い男に抱かれているという状況が、さらに女の感度を増しているようです。

ぼくが頂上に達する前に、昌美の性感はあっさりと限界を迎えてしまいました。

「も、もうだめっ！　イクっ、イキますっ！　いやぁーっ、イ、イキますぅっ！」

ブラケットをかきむしって、昌美は絶叫とともに激しくのけぞりました。

ぼくのものを咥え込んだ膣壁がじんじんと震え、昌美が思いきり達してくれたのを伝えてくれます。

やがて、がくりと脱力した昌美は、しばらくゼエゼエと荒い息を続けていました。

ぼくのモノを呑み込んだままのおま○こは、小刻みに痙攣しっぱなしでした。

いくらスケベといっても、やはりアラフィフの体力であれだけ激しく達すると、かなりの消耗なのでしょう。なかば気を失ったように、昌美はぐったり横たわっていました。

「奥さん、もうイッちゃったの？　ほら、わかるでしょ？　ぼくのここ、まだビンビンだよ。奥さんの中で、ぼくもイキたいなあ」

そうぼくがささやくと、昌美はとろんとした、かすれた声で言いました。

「ご、ごめんなさい……で、でもちょっと待って……こんなに激しくされたら私、体がもう……」

「待てないよ、奥さん。ほら、今度は四つん這いだ」

ぼくは荒々しく昌美の腰を持ち上げ、熟れたお尻をこちらに向けさせます。そして問答無用に、バックから再び挿入を果たします。

「ああんっ、まだこんなにギンギンなのぉっ!?　す、すごぉいっ！　ああっ、もう許してぇっ。こ、これ以上されたらどうにかなっちゃうっ！」

「最後までいかないとガマンできないんだ、奥さん。ほら、こうされると奥さんもたまんないだろ？」

両手で昌美のお尻を押さえつけ、ぼくは最初からハイペースでパンパン突いてやります。熟女のそこは相変わらず熱いマン汁がとめどなく溢れ、ぼくの快感も薄まるどころかますます鋭敏になっていきます。

「んひぃぃっ、はっ、激しぃっ！　ほんとにすごいスタミナ……ああっ、いいっ！　ワンワンポーズで入ってくるチ〇ポもいいわあっ！」

ペースをゆるめたり速めたり、挿入角度を上下左右にひねったり、ぼくはじっくりと昌美の粘膜を楽しみます。

「ぼくも気持ちいいよ、奥さんのここ、すごく締まる。あー、止まんないわ。大自然の中で見知らぬ男にこんなふうに犯されて、奥さんも感じてるんだね」

「はっ、はあっ……最高よおっ。ずっと、こんな野性的な逞しい生チ〇ポに野外でめちゃめちゃにされてみたかったのっ！　あっあっ、また奥にズンズン当たって……んんーっ、どうしよう、またすぐイッちゃいそうっ……！」

ぼくは背後から昌美にのしかかり、たわわに揺れる巨乳をまさぐりながら、小刻みに出し入れを続けます。

「イキたいだけイッていいよ。そら、こうやってずっぷり奥までえぐられるのが好きなんだろ？」

ぼくは自分のものを、ズイッと根元までねじ込みます。

「あっ、好きぃ。これ好きぃ……ああーっ、もっともっとえぐってえっ！　エッチなおばさんま○こ、好きなだけいじめてえーっ！」

さっきまでクタクタだったくせに、刺激に反応した昌美は、自分からお尻を突き上げてきます。

ぼくも容赦なく、自分の腰を昌美のヒップに叩きつけるようにピストンを加速させます。

「あーっ、あーっ、そこっ、そこよぉっ！　ああ、もうムリぃっ！」

昌美の肉襞のすき間からは、湯気の立つ熱い液体がびしゃびしゃと大量に洩れ出しました。

ぼくのジュニアの感度もいよいよ過敏になって、グラインドのたびに痛いほどの快感が股間を突き抜けます。

ずっと溜め込まれている次弾の精子が、放出を求めてタマの奥で爆発寸前になっていました。

「そろそろぼくも……中に出すからね」

耳元にささやくと、昌美はうなされたように何度もうなずきます。

「いいわっ、ちょうだいっ！　おま〇この中でイッてぇっ！」

ぼくは全力で腰をストロークさせ、最後の刺激をお互いの粘膜に与えます。

最後の瞬間、ぼくはモノを昌美のひときわ奥まで突き入れました。

チ〇ポが弾けるような絶頂感の中、ぼくは本能のまま白く濁った男の欲望を、昌美の膣内に解き放ったのでした。

同時に昌美も、全身をピクピクさせて、かすれた悲鳴をあげていました。

「ああーっ、とっても熱いわあっ！　中に熱いのドクドクって……はああーっ、イッ、イクぅぅーっ！」

翌朝、ぼくと昌美は再会を約束して連絡先を交換しました。

といっても、お互いの住む街で会うつもりはありません。

昌美はすっかり、大自然の中でのワイルドなセックスが病みつきになってしまったそうです。

あれ以来ぼくたち二人は、春の渓流で、夏の離島で、紅葉に染まった秋の深山で、ひそかに密会してはスケベキャンプを楽しんでいます。

テントや車の中はもちろん、気候のいい季節には野外で全裸になって、時間を忘れてお互いの体をむさぼり合っています。

昌美は単調な専業主婦生活から定期的に解放されて、会うたびに美しくなっていきます。ぼくも都会ではストレスの溜まるしがないサラリーマンですが、月に一度ほど、週末に空気のいいところで乱れまくれるおかげで最高のリフレッシュになっています。

次はどこにキャンプを張って、昌美とどんないやらしい行為をしようか……。

いまではそれが、ぼくの人生最大の張り合いになっています。

# 地方の食堂で私を誘惑する大胆な熟主婦
# 踊りで鍛えられた激烈ピストンで昇天！

志村賢　会社員・三十一歳

大学の研究テーマで、私は各地の祭りをあちこち訪れていました。

徳島県には有名な阿波踊りがあります。行ったのは十二月で、時期は大きくはずれていましたが、資料館が充実しているのをネットで確認していました。一日かかって各種資料館を訪れ、アポをとっていた詳しい方へのインタビューをしました。

夕刻が迫るころ、近くの食堂でご飯を食べていたときです。店自体は大きくないのに、駐車場は広く、ああ田舎なんだな、と思ったものです。

「お待たせ。お客さん、東京から来よったん？」

料理を持ってきた女性が、強いなまりでそんなことを言ってきました。

「あれ、どうしてわかったんですか？」

「ナンバーに『練馬』って書いてあるやん。車、あんたののんだけやし。いまの時期珍しいから目立っとうよ」

そういうことか、と苦笑いしました。

四十歳ぐらいの女性ですが、声の高さと軽さ、かわいらしいなまりで、ずっと若くみえました。笑顔が優しい美人でした。

「季節はずれだけど、阿波踊りを研究しにきたんです。夏には本物の踊りを見たいんだけどな。動画で見たけどすごい迫力ですよね」

「私、『連』に入っとうから、踊れるんじょ。ほら」

女性は両手を不思議な形に上げ、両足を優雅に動かしました。

「あ、すごい！」

「男踊りもできるんじょ」

スカートなのにガニ股に足を広げ、猫背になり、膝を大きく曲げて踊りを披露してくれました。

「すごいなあ。食堂のユニフォームじゃなくて、着物で見たかったですよ！」

女性は、私の顔を笑顔のまま見つめ、ひと言つぶやきました。

「家に来る？」

予想外のお誘いにあわてました。

「え、でも、ご迷惑じゃないですか？　ご家族にも……」

「旦那は出張中で私一人じゃ。遠慮せんでもええんじょ」

いやもっと悪いでしょう、と思ったのですが、あっけにとられて突っ込むこともできませんでした。

「あと十分で上がりやから、車で待っといて。こっから十分ほどのとこじゃ」

少女のような高いかわいらしい声なのに、昔話の婆みたいな強いなまりです。

そのギャップに『萌えた』ものでした。

キツネにつままれたような気分で車で待っていると、女性が来ました。

「お待たせ。あ、さっきも料理出すときに言うたな」

女性はわりとずけずけと助手席に乗り込んできました。

車を出すと、女性の案内で十分ほどで到着しました。

「あの、ぼく、ホントに家に上がってもいいんですか……？」

家を前にして、なんとも間抜けな質問が口を突いて出ました。

「ここで帰れ言うたら、私、ただ送らせただけやん」

大きめのミニバンだったので、女性の自転車は車に積んでいました。

「お邪魔します」と上がりました。思いもよらない展開に、ちょっと夢でも見ているような非現実感を覚えたものです。

案内されたのは十二畳の畳部屋でした。

「あっ、よう考えたら私、あんたの名前も知らんな」

あわてて大学名と『郷土研究部』と書いた名刺を出しました。

「志村《しむら》さんか。私は斎藤涼子《さいとうりょうこ》じゃ。私、名前も知らん男の人を家に上げてたんか。こわっ」

口に手を当てて笑うと、涼子さんは座卓に腰を落とした私を置いて、軽いフットワークでお茶を出してくれました。

「ちょっと待っとってや。準備してくるけん」

彼女はコマネズミのようによく動く人でした。お店でもそうなのだろうと思いました。

十分ほどして現れた涼子さんは、なんと浴衣姿《ゆかたすがた》で、片手に黒いCDプレーヤーを持っていました。

「浴衣で堪忍やで。着物はメンドイから練習はいっつも浴衣なんじょ」

暖房がきいていましたが、いきなりの浴衣姿に面食らったものです。

手に持っていた小さなCDプレーヤーをかけると、阿波踊りの二拍子のお囃子《はやし》が鳴りました。

「ヤットサー！ ヤットヤットォ！」

お囃子に合わせ、高い声でかけ声も出してくれました。私は踊るアホウの涼子さんに断りを入れ、動画を撮らせてもらいました。

十分ほども撮影していたでしょうか。浴衣の腰紐がゆるくなっていることに気づきました。

「涼子さん、腰紐がとれそうですけど」

言い終えないうちに、後ろで結んだ腰紐がはらりと解けました。

「あっ」と声を出した涼子さんは踊りをやめ、腰に手をやりました。

「危ない、危ない。私、この下は下着だけやからなぁ」

気の強そうな涼子さんが肩をすくめて少し恥ずかしそうに言いました。

「差し支えなければ、その姿でも踊りを見たいです。関節の動きを観察したい」

自分でも想像していなかった言葉が口を突いて出ていました。通報ものの発言です。涼子さんも完全に動きをとめ、私をじっと見つめていました。

「そんなカッコ、寒いんやけど」

ですが涼子さんの口から出たのは、見当違いともいえる非難の言葉でした。

「まあ、ええわ。大学の研究者さんにひと肌脱いだろ。しっかり広めてや」

信じられないことを言い、涼子さんは腰紐を抜き去り、浴衣をはらりと落としました。おそろいの白いパンティと白いブラジャー、ピンク色のソックスだけになりました。私のほうが驚いていました。

「あっ、さすがにこれは撮影NGやで」

そうしてお囃子に乗り、踊りだしたのです。

たしかに関節や筋肉の細かな動きは勉強になるのですが、二十一歳当時の私にはそれどころではありませんでした。

「ヤットサー」とかけ声をあげるのですが、最初のころの演舞用の笑みはこわばっていました。

「涼子さん、もう十分です。ありがとうございます」

重心がむだに胸元まで上がっていました。涼子さんの顔は上気していました。

「あー、恥ずかしかった」

寒いんやけどと言ったわりには、涼子さんは私を見ずに聞いてきました。

「あんた、今晩どこに泊まるん?」

再び浴衣を羽織りながら、涼子さんは私を見ずに聞いてきました。

「決めていません。どこか近くで宿をとろうと思ってます」

「ウチで泊まってい〈?」

やはり私を見ずに、涼子さんは重ねて聞いてきました。

「……ありがとうございます。ご厄介《やっかい》になります」

降ってわいた淫らな幸運に、私の声は情けなく上擦っていました。

「あの、断っとくけど、こんなことすんの、私初めてなんよ」

「ぼくも、さっき下着姿の踊りを見たいなんて直前まで考えてませんでした」

互いにモゴモゴと言いわけし合いました。端で見るとさぞ滑稽《こっけい》だったでしょう。

「あの、今日はお一人だったんですよね？」

自己保身から、そんな確認の質問が出ました。

「そう。一人息子は高校野球に強いとこ通ってて去年から一人暮らし。今朝から旦那も一週間の出張で私一人だけや」

涼子さんは私を見て、イタズラっぽく笑いました。

「ただし、晩ご飯はあんたのおごりやで。どっか食べに行こ」

やはりキツネにつままれたような気分のまま、車に乗り、ちょっと離れた場所で夕食をとりました。

涼子さんは襟の大きなシャツにセーター、赤いスカートでした。

家に戻る車中、無言の緊張が流れていました。

信号待ちのとき、私はそっと涼子さんの手にふれました。

「あんた、変わっとるなぁ。こんなおばちゃんでええの？」

「お店で見たときから、すてきな人だなと思ってました」

「うわ、おじょうず」

口にはしませんでしたが、私は芸能人にも何人かいる、いわゆる「ロリババア」

が好みだったのです。涼子さんはまさにどんぴしゃでした。

涼子さんの家に着くと、午後九時ごろでした。

「なんだかドキドキします。初めての土地で、初めての家で、初対面の女性とこんなことになるなんて」

「私もや。めっさドキドキしてる。自分の家やのに」

最初の畳敷きの部屋に入ると、私は涼子さんを強く抱き締めました。

「あんっ、なにすんのん……」

私は涼子さんの背中をまさぐり、スカートの上からお尻をなでました。

「下着姿で踊ってるとき、こんなことしたかったです」

「いやらし。研究のためやったんちゃうん？」

浅ましく息を荒げながら、私は性急に涼子さんのセーターを脱がしました。

「待ちぃな。私は逃げへんけん。布団敷くさかい待っとき」

童貞ではなかったのですが、望んでいたカワイイオバサンを抱くチャンスに、私はすっかり舞い上がっていました。

「さすがに旦那の布団は貸されへんからな、私の布団でいっしょに寝るんや。狭いけど辛抱しいや」

畳敷きに布団を敷きながら、涼子さんは妖しく笑いました。

布団を敷き終えると、私はまた強く涼子さんを抱き締めました。

「ちょっと待ちって。お風呂もまだやろ」

「あとでいっしょに入ればいいじゃないですか」

自分でも珍しい大胆で厚かましい言葉が出ました。

ブラウスのボタンを手際よくはずしていき、スカートも落としました。

私自身も一瞬で服を脱ぎました。

「えらいあせってからに。こないだの童貞君を思い出すわ」

私は動きをとめ、涼子さんの顔を見つめました、

「こないだって、いつです？」

「二十年以上前や。私が大学生のころ」

抱き締めてブラジャーのホックもはずすと、そのまま二人で布団に転びました。

上から圧しかかるようにして涼子さんと唇を重ねました。

みずみずしくてやわらかな涼子さんの舌に自分の舌を絡ませました。

「ああんっ、ちょっと激しぎるってぇ……」

両方の乳房も指をいっぱいに広げてもみしだきました。乳房もやわらかく、広げた指の間から肉がこぼれていました。

「あああぁ、旦那と全然ちがうわぁ」

この状況で配偶者と較べる言葉が出てきたことに、ちょっと驚きました。

「なにが違いますか？」

興味がわいたのもありますが、亭主と較べてどうなのか、男性的な対抗心が芽生えたのです。

「なにもかもや。重みも、肌の匂いも、ふれた筋肉の感触も。ゆうべ出張前に旦那とヤッてるから、違いがようわかるねんで」

涼子さんの熱い首筋を舐めながら、内心で絶句していました。

「がんばってや。あんた、旦那より二十も年下なんやで」

感化されてしまい、涼子さんの乳房も激しく舐めほじりました。

ずるずると体を下げ、白いパンティの腰ゴムをくるくると巻きながら脱がしていきました。それから、ゆっくりと涼子さんの白い太腿を開かせました。

「涼子さんのアソコ、高校生の子どもがいるなんて信じられないぐらいかわいらしい眺めですね」

いくぶん複雑な形をしていましたが、色はピンク色で清楚な眺めでした。

「あほ。なにウットリ感想述べてんねん」

身もフタもない涼子さんのツッコミには、羞恥のトーンが混じっていました。

「ああん、舐めるなぁ、あはぉ……！」

涼子さんの非難には、どこか非願成就のような響きがありました。

「旦那さんはもっとじょうずに舐めてくれますか？」

「最近、そんなサービスしてくれへんわ」

それではと思い、念入りにクンニリングスのサービスをしました。

「ああっ！　ああん……あんたの舌、優しい……気持ちええわ」

涼子さんは高い声で悦んでくれました。

恥毛は薄めで、性器の形がよくわかりました。舌先に唾液をたっぷり満たし、はみ出た小陰唇を舐め、膣口を舌で掘り、大陰唇を大きく舐め上げました。

舌がしびれるほど舐めつくしてから、私はゆっくりと上半身を起こし、上下で見つめ合いました。

「うふふ、ワンちゃんに舐められてるみたいやった」

えらく失礼な感想を口にするものだと思ったものです。

「あのときの犬と、どっちがよかったですか？」

「あほ」

顔を落とし、そっと唇を重ねました。顎を出して私の口を求める小さな仕草がかわいらしかったのを覚えています。

「涼子さん、入れていいですか？」

「早よ来て……」

抱き合ったまま、片手でペニスの根元をまさぐり、膣口に当てました。

「ああっ、あああっ……」

まだ亀頭の先がふれただけなのに、涼子さんは処女のような恐れのこもる声をあげました。涼子さんなりに不倫セックスに思うところがあったのかもしれません。

「あああっ……来てるっ。旦那のと、全然違う……」

膣道は熱く濡れていました。私にも間男としての罪悪感があり、それが淫らな昂りをさらに煽っていました。

「旦那さんと、どう違いますか？」

私は歯を食いしばりながら尋ねました。

「旦那のよりちょっと細いけど、硬い……」

細いのか、とちょっとショックでした。いまでも思い出すと苦笑いが出ます。

ゆっくりとペニスの出し入れを始めました。

「ああ、ええわぁ……志村君のチ〇ポ」

「志村君のチ〇ポ」と口に出すことで、涼子さんも不貞を楽しんでいるのかもしれないと感じました。

ふと、どこかで阿波踊りのお囃子が遠くから聞こえてきました。

「どっかの家で練習してるんやろ。私らには子守唄や」

動きをとめた私に、涼子さんは答えてくれました。

ピストン運動は速くなっていきました。

私は子役から活躍しているロリババアの女優を頭に浮かべたりしました。犬に例えられるならこれぐらいいいだろうと考えたのです。

初めての家で初めてのロリババア、耳に聞こえるのは阿波踊りのお囃子。それ以降も経験のない、実にシュールな性体験でした。

「涼子さん、もうすぐ、出そうですっ！」

みけんにしわを寄せ、余裕のない早口で私は言いました。

「ああんっ、たっぷり、出してやっ！」

どこかの家で流れている「ヤットサー」という録音の女性の声を聞きながら、私は射精を迎えました。

「あああっ！　志村君の、熱いの、いっぱい来てるっ！」

涼子さんは顎を出し、目を強く閉じて叫びました。

十回近い吐精を終えても、私はピストンを名残惜しく続けていました。

「ああ、気持ちよかったです、涼子さん……」

「ウチもや。最高やったわ……」

目が合うと私たちは唇を激しく重ね合いました。

ゆるゆるとピストンをすると、涼子さんは唇を重ねたまま「んんっ」とうめいていました。

「涼子さん、このままひと晩じゅうでも、やれそうです」

「うふ、頼もしい。そこらへんは旦那とスタミナがちゃうね」

そのあと二人で風呂に入り、浴室でも背後からやりまくりました。

その夜、私はそのあとの人生でも破られない六度の射精をしたのです。

旦那さんは三日間の出張だとかで、結局涼子さん宅で二泊しました。

あれ以降、残念ながら縁がなくて徳島県には行けていません。

今でも、八月中旬にニュースで阿波踊りの報道がされると、毎年涼子さんを思い出すのです。

# 辺鄙なドライブインにいた媚熟女店主
# 雪が降る夜に奇跡的な肉交に溺れて……

倉田明弘　会社員・三十八歳

私はあるメーカーで営業をしており、ワゴンに商品を乗せて全国を走り回る日々を過ごしております。

これは、ある冬の日、東北の日本海側へ行ったときの話です。

その日は雪が降る予報でしたが、大雪ではなく、ちらつく程度ということだったので、何も心配せずに国道を快調に飛ばしていました。

ところが、ほかの車はまったく走ってないし、沿道の店も一軒残らず閉まっていたんです。

おかしいなと思ったのですが、途中から吹雪《ふぶき》になり、前が見えない状態になりました。

チェーンは所持していましたが、装着できそうな天候ではないし、どうしたものかと徐行運転していると、やがて前方に明かりが見えました。

ドライブインの文字が目に入ったときは、どれだけホッとしたことか。

どうにかたどり着き、白い息を吐きながら入店したところ、客の姿はなく、五十歳くらいの女性が一人、店番をしていました。

「いらっしゃい……たいへんだったでしょ？」

「ええ、予報では、たいした雪にはならないはずだったんですけど」

彼女の話では、天気予報は当てにならない、土地の人は吹雪になることを空模様から判断できるため、誰も家から出ないのだと教えてくれました。

「いや、でも、助かりました。どうしたものかと不安だったんですが、まさか開いてる店があるなんて」

「ふふっ、基本的に年中無休なのよ。あなたのような人が必ずいるしね。うちは鍋料理が自慢なんですけど、よかったら食べません？」

「いいですね！」

寒さと空腹ですっかり参っていた私は、奥の畳敷きの部屋でその土地の名物のきりたんぽをご馳走になりました。

体の芯から温まり、ようやく生き返る思いでしたが、窓の外は相変わらず吹雪いており、車を走らせるのは無理だと思われました。

「……弱ったな」

「ゆっくりしていってくださいな。店の裏手は私の家だし、泊まっていってもいいですよ」

「いや、でも、そこまで甘えるわけには……」

「事故ったら、たいへんでしょ？　どうせもうお客さんも来ないし、店も閉めるから……はい、これはサービスよ」

「……あ」

そう言いながらビールをテーブルに置いてくれ、目をきらめかせると同時に心が宿泊にグラッと傾きました。

「私も、飲んでいいかしら？」

「も、もちろんです！」

そのときは人の温かみにふれ、感謝しきりだったのですが……。

彼女は店のシャッターを閉め、私のとなりに座っていっしょにビールを飲みはじめました。

話を聞くと、旦那さんはトラックの運転手をしており、ほとんど家に帰ってこないそうです。

このドライブインは彼女の父親から引き継いだもので、あくまで暇つぶしとこづかい稼《かせ》ぎのために営《いとな》んでいるとか。

なるほど、都会では考えられない親切な対応は、商売目的でないところから来ているのだと妙に納得しました。

「でも、一人だと、けっこう不安じゃないですか？　山の中だし、近ごろは物騒な輩《やから》も多いし」

「ふふっ、こんなおばちゃん、誰も相手にしないわよ」

「そ、そんなことないですよ」

ぱっちりした目に人なつっこい笑顔、ベビーフェイスの容貌はとても愛らしく、若いときはさぞかしもてただろうなと想像できる人でした。

なんといっても、グラマーな体つきが魅力で、女をまったく意識していなかったと言えば嘘になります。

酒が回るころ、よこしまな思いが徐々に大きくなり、甘い期待が頭にちらつきはじめました。

彼女も酔ったのか、桜色の頬がとても色っぽく見えたんです。

「いまは、誰も誘ってくれなくて……」

「うーん、見る目がないんですかね？」

「あら、お世辞？」

「とんでもないです！　かわいくて美人だし、ほんとうにそう思ってますよ」

「まあ……いつも、そうやって女の子をくどいてるのね」

「違いますって！」

外は猛吹雪、人当たりのいい美熟女と二人きり。めったに経験できない状況が、私を暴走させたのかもしれません。

気がつくと、身を乗り出し、真向かいに座る彼女の唇にキスをしていました。

「……あ」

「ほらね、ちゃんと証明したでしょ？」

甘くにらみつけられたときは心がくすぐられ、海綿体に大量の血液が流れ込みました。

「悪い人ね」

「ご迷惑だったでしょうか？」

「そういうわけじゃないけど……」

唇をツンととがらせる仕草を目にしたとき、理性のタガが吹き飛びそうになり、私はトイレで頭を冷やそうと腰を上げました。

「トイレ、どこですか？」

「右奥の突き当たりよ……ビール、もう一本持ってくるわね」

二人同時に席を立ち、座敷から下りたところで、私は彼女の体を抱き寄せました。

「……あ」

不安と期待に揺れる熟女の濡れた瞳は、いまでも覚えています。

体をぴったりくっつけ、唇を重ねると、体温が急上昇しました。

もう止まらない、止められない。

本能の赴くまま唇をむさぼれば、彼女の肉体も火がついたように燃え上がり、首筋から甘ずっぱいフェロモンがふわんとただよいました。

「あぁ……だめ、だめよ」

「奥さんが、魅力的だからいけないんです」

「お手洗いに行くんじゃなかったの？」

「引っこんじゃいました」

「もう……だめだったら、あぁン」

みたび唇を奪い、背中からヒップに手を這わす最中、柔らかい手のひらが股間のふくらみをなで上げ、心地いい刺激が身を貫きました。

いやよいやよと言いながら、彼女もすっかりその気で、淫らな欲望とともに高揚感が全身を包み込みました。

スカートをたくし上げ、股ぐらに手を差し込むと、ショーツの船底はしっとりした湿り気を帯びているではありませんか。

私は指をスライドさせ、空いた手で豊満なヒップをもみしだきました。

「うつ、ふっ、ふぅぅン」

鼻から洩れる吐息混じりの喘ぎがこれまた色っぽく、ズボンの下の逸物がギンギンにそり勃ちました。

長いキスが途切れ、熟女の顔を見つめると、熱に浮かれたようにポーッとしており、バストが緩やかに波打っていました。

「ひどい人」

非難の言葉を浴びせるも、手は変わらずに股間をいじり回しているのですからたまりません。

「こっちのほうでも……ちゃんと証明してるでしょ?」

「すごい……コチコチだわ」

口のすき間に舌先をスッとすべらせたときは、どれほど悩ましかったことか。

「そんなにいじくり回したら、我慢できなくなっちゃいますよ……うう」

ズボンのベルトをはずされ、チャックを引きおろされると、私は目をカッと見開きました。

熟女の積極的な行為に鼻息が荒くなり、性欲のスイッチが完全に入った瞬間だったと思います。

ネクタイをほどいた直後、ズボンが下着もろとも引きおろされ、恥ずかしさと昂奮が同時に襲いかかりました。

「あ、ちょっ……」

制する間もなく、ペニスが跳ね上がり、亀頭の先端が天井をにらみつけました。

「そ、そんな……ま、待ってください」

「あなたがいけないのよ。エッチなことするから」

「そ、それは……あぁ」

彼女は切なげな表情でつぶやき、ペニスをシュッシュッとしごきました。そして腰を落とし、恥部に顔を寄せてきたんです。

真冬とはいえ、汗を流していないのですから、ためらいが生じるのも当然のことです。

腰を引いても、彼女はペニスを握りしめたまま。鼻先を近づけて匂いを嗅ぎ、宝物をいつくしむように頬にこすりつけました。

「ああ、なつかしい匂い」

「は、は、恥ずかしいですよ」

私が思っていた以上に、熟女は欲求を溜めこんでいたのかもしれません。

彼女は胴体にキスの雨を降らし、根元から縫い目に向かって舌を這わせ、カリ首をなぞりました。

「くふぅ」

またたきもせずに下腹部を見つめるなか、ペニスが呑み込まれ、ぬくぬくした感触に腰がひくつきました。

豊かな体つきと同様、口の中もまた肉厚で、とろとろの唾液がまとわりつき、ペニスがとろけそうな感触を与えてきたんです。

熟女は根元まで咥え込むや、顔をゆったり引き、上下のピストンで快感を吹き込みました。

「おっ、おおっ」

じゅっぱじゅっぱと高らかな音を立て、柔らかい上下の唇で胴体とカリ首をこれでもかとしごかれました。

とにかくものすごいフェラチオで、ペニスがもぎとられそうな激しさには愕然としたほどです。

「はっ、ンっ、ふっ、ふぅン」

甘ったるい吐息が鼻から抜けるたびに身が震え、射精願望がうなぎのぼりに上昇しました。

睾丸の中の精液が荒れ狂い、あのときは放出をこらえることだけで精いっぱいでした。

必死に耐えていたのですが、首がS字に振られ、きりもみ状の刺激を吹き込まれると、自制心が木《こ》っ端《ぱ》微塵《みじん》に砕け散りました。

「あっ、あっ、イッちゃう、イッちゃいますよ」

我慢の限界を訴えた刹那、彼女は抜群のタイミングで顔の打ち振りを止めてペニスを吐き出しました。

「だめよ、こんなんでイッちゃ」

「はあ、ふう、はあっ」

「そこに寝て」

座敷に押し倒されたところで、ズボンと下着、靴下を脱がされ、下腹部が剝き出しになりました。

あのときには、熟女も完全にその気になっていたのでしょう。頬を染めながらセーターを頭から抜きとり、スカートの下に手をくぐらせてショーツを引きおろしました。

「はぁあ」

牡の証《あかし》は一刻も早い結合を求めて猛り狂っていましたが、彼女は下着を足首から抜きとるや、身を屈め、またもやペニスを舐めしゃぶってきたんです。

「くはぁ」

いまにして思えば、よほどフェラチオが好きだったのかもしれません。お預けを食らい、再び射精欲求をこらえる間、我慢は限界を迎えました。

このままでは、口の中に放出してしまう。少しでも気をそらそうと考えた私は、甲高い声で懇願しました。

「な、舐めさせてください！　あなたのも！」

すると熟女はスカートをたくし上げ、身をくるりと回転させて私の顔を大きく跨いだんです。

こんもりした恥丘のふくらみ、黒々とおおい茂った陰毛に続き、ぱっくり割れた女肉が目に飛び込みました。

厚みのある肉びらは大きくめくれ、鮮やかな紅色の粘膜がいまにも飛び出さんばかりに盛り上がり、すでに大量の愛液でぬめり返っていました。

私はヒップをわしづかみ、ためらうことなくかぶりつくや、ふしだらな匂いをまき散らす女の花を無我夢中で舐め回したんです。

「ンっ⁉」

顔の動きがピタリと止まり、くぐもった声が洩れ聞こえました。

ここぞとばかりに陰唇をクリトリスごと口の中に引き込み、チューチューと吸い立てれば、豊満なヒップがぶるっぶるっとわななきました。

匂いも酸味もより濃厚になり、牡の本能がますますかき立てられました。

硬くしこったクリトリスを舌と口の粘膜で甘嚙みしたとたん、すぐさま絶頂を告げる声が聞こえてきたんです。

「あ……イクっ、イクっ」

ヒップがガクガクと揺れ、それでも私は手を離さずに吸いまくり、舌がビリビリしびれるころ、金切り声が耳に届きました。

「もう我慢できないわ！」

熟女は身を起こし、またもや身を回転させ、大股を開いて亀頭の先端をとろとろの割れ目に押し当てたんです。

「……ああ」

「ンっ⁉」

カリ首が陰唇を押し広げ、ぬっくりした内粘膜が亀頭を包み込みました。

「あ、おおっ」

歯を食いしばって結合部を見つめていると、ペニスが膣内ににゅるっと埋め込まれ、勢い余って膣道をズブズブ突き進みました。

あのときの気持ちよさは、死んでも忘れられません。

柔らかい膣壁が真綿《まわた》のようにペニスをおおい尽くし、強くも弱くもない絶妙な力加減で締めつけてくるんです。

まさに、熟女の魅力に骨抜きにされた瞬間だったでしょうか。あまりの快感に指一本動かせずにいると、今度は熱い溜め息が聞こえてきました。

「はあっ……あなたの硬くて大きいわ……旦那とは、全然違う……すぐにイッちゃうかも」

「ぼ、ぼくも……最高に気持ちいいですよ」

心の内を正直に告げた瞬間、大きなヒップがスライドを開始しました。

「ぐあっ」

ヒップが太腿をバチンバチンと打ち鳴らし、息が詰まるほどのピストンは、大袈裟ではなく、ほんとうに背骨が折れるのではないかと思いました。

こなれた柔肉がペニスを引き転がし、結合部からにっちゅ、ぐっちゅと卑猥な音が絶え間なく洩れ聞こえていました。

私は畳に爪を立てて身悶え、腰を使うことすらままならず、ただ放出をこらえていたのではないかと思います。

「ああっ、いい！　たまんない、はぁ、ンはぁぁっ！」

髪を振り乱し、目にもとまらぬ腰振りで快感をむさぼる姿にはたじろぐほどでした。

そしてヒップがグリンと回転した瞬間、悦楽の風船玉が破裂し、とうとう我慢の限界を突破してしまったんです。

「ああっ！　イクっ！　イッちゃいます！」

「いいわ、出して！　中に出して！」

腰のスライドは怯《ひる》むどころか、ますます加速し、膣肉がペニスをギューッと締めつけました。

「イクっ！　イクっ！　イックぅぅ！」

こうして私は、初めて会った熟女の中に大量の精液を迸らせてしまったんです。

そのあとは彼女の家に移動し、汗を流したあと、二回戦目に突入しました。

一回放出したことで余裕ができたのか、今度は熟女を何度もイカせ、満足な一夜を過ごしました。

翌朝には雪も止み、朝食をおごってもらってからドライブインをあとにしました。もちろん、再会の約束をして……。

あの土地を再び訪れるのは、一年後になるでしょうか。

それまで待ちきれなくて、休みの日に遊びにいこうかと考えているんです。

◉読者投稿手記募集中！

素人投稿編集部では、読者の皆様、特に**女性の方々からの**手記を常時募集しております。真実の体験に基づいたものであれば長短は問いませんが、最近のSEX事情を反映した内容のものなら特に大歓迎、あなたのナマナマしい体験をどしどし送って下さい。

●採用分に関しましては、当社規定の謝礼を差し上げます（但し、採否にかかわらず原稿の返却はいたしませんので、控え等をお取り下さい）。

●原稿には、必ず御連絡先・年齢・職業（具体的に）をお書き添え下さい。

〈送付先〉
〠101-8405
東京都千代田区神田三崎町２－18－11
マドンナ社
「素人投稿」編集部　宛

◉新人作品**大募集**◉

マドンナメイト編集部では、意欲あふれる新人作品を常時募集しております。採用された作品は、本人通知のうえ当文庫より出版されることになります。

**【応募要項】**未発表作品に限る。四〇〇字詰原稿用紙換算で三〇〇枚以上四〇〇枚以内。必ず梗概をお書き添えのうえ、名前・住所・電話番号を明記してお送り下さい。なお、採否にかかわらず原稿は返却いたしません。また、電話でのお問い合せはご遠慮下さい。

**【送付先】**〒一〇一‐八四〇五 東京都千代田区神田三崎町二‐一八‐一一 マドンナ社編集部 新人作品募集係

# 素人告白《しろうとこくはく》スペシャル《すぺしゃる》 旅路《たびじ》で出会《であ》った田舎《いなか》の熟女《じゅくじょ》

二〇二三年 三月 十日 初版発行

編者◉素人投稿編集部【しろうとうこうへんしゅうぶ】

発行◉マドンナ社
発売◉二見書房
東京都千代田区神田三崎町二‐一八‐一一
電話 〇三‐三五一五‐二三一一(代表)
郵便振替 〇〇一七〇‐四‐二六三九

印刷◉株式会社堀内印刷所 製本◉株式会社村上製本所 落丁・乱丁本はお取替えいたします。定価は、カバーに表示してあります。
ISBN978-4-576-23017-7 ◉Printed in Japan ◉©マドンナ社